John Grisham, *Il Socio*
G. García Márquez, *Dell'amore e di altri demoni*
Kuki Gallmann, *Sognavo l'Africa*
Erich Fromm, *L'arte di amare*
Ken Follett, *I pilastri della terra*
Wilbur Smith, *Sulla rotta degli squali*
Rosamunde Pilcher, *Settembre*
Leo Buscaglia, *Vivere, amare, capirsi*
Dominique Lapierre, *La città della gioia*
Thomas Harris, *Il silenzio degli innocenti*
Peter Høeg, *Il senso di Smilla per la neve*
Italo Calvino, *Il barone rampante*
Danielle Steel, *Star*
Stefano Benni, *Bar Sport*

# Stefano Benni

# BAR SPORT

Arnoldo
Mondadori
Editore

ISBN 88-04-40886-3

© 1976 Arnoldo Mondadori Editore S.p.A., Milano
I edizione I Miti ottobre 1995

Questo volume è stato stampato
presso Arnoldo Mondadori Editore S.p.A.
Stabilimento Nuova Stampa – Cles (TN)
Stampato in Italia – Printed in Italy

# Bar Sport

*L'uomo primitivo non conosceva il bar. Quando la mattina si alzava, nella sua caverna, egli avvertiva subito un forte desiderio di caffè. Ma il caffè non era ancora stato inventato e l'uomo primitivo aggrottava la fronte, assumendo la caratteristica espressione scimmiesca. Non c'erano neanche bar. Gli scapoli, la sera, si trovavano in qualche grotta, si mettevano in semicerchio e si scambiavano botte di clava in testa secondo un preciso rituale. Era un divertimento molto rozzo, e presto passò di moda. Allora gli uomini primitivi cominciarono a riunirsi in caverne e a farsi sui muri delle caricature, che tra di loro chiamavano scherzosamente graffiti paleolitici. Ma questo primo tentativo di bar fu un fallimento. Non esistevano la moviola, il vistoso sgambetto, il secco rasoterra, il dribbling ubriacante e l'arbitraggio scandaloso, e la conversazione languiva in rutti e grugniti.*

*Gli antichi romani, invece, inventarono subito la taverna osservando il volo degli uccelli, e la suburra era un vero pullulare di bar. Gli osti facevano affari d'oro, tanto che divennero presto la classe dominante. Cesare cominciò la sua carriera come cameriere, e conservò per tutta la vita la pessima abitudine di farsi dare mance dai barbari sconfitti.*

*Nei bar romani si beveva molta menta, vini dei colli e assenzio. Le leggi erano molto severe: a chi veniva pescato ubriaco veniva mozzata la lingua. Questo provvedimento fu revocato allorché in Senato le sedute cominciarono a svolgersi in perfetto silenzio.*

*I camerieri erano per la maggior parte schiavi cartaginesi. Ma c'erano anche molti filosofi greci, che servivano in tavola per mantenersi agli studi. Aristotele fece il cameriere per due anni al "Porcus rotitus", ed ebbe l'intuizione della sua Logica osservando un cliente che cercava di infilzare con la forchettina una grossa cipolla. Platone fece lo sguattero al "Pomplius", uno dei ristoranti più à la page di Roma dove il carrello del bollito era una biga a due cavalli.*

*Anche in Grecia i bar ebbero grande diffusione. I filosofi Peripatetici insegnavano nei tavolini all'aperto e finivano le lezioni completamente ubriachi. Pitagora inventò la sua famosa tavola perché era stanco di essere imbrogliato sui conti della birra, e Zenone divenne Stoico perché non aveva mai la pazienza di far raffreddare la sua cioccolata in coppa.*

*Il Medioevo fu uno dei periodi d'oro dei bar. Fu inventato il posto di ristoro, o stazione per cavalli, in cui i cavalli potevano riposare e i cavalieri rifocillarsi. In realtà la cosa andava così: il cavaliere chiedeva al cavallo «Sei stanco, sì?», si fermava e beveva. Questo avveniva anche trenta, quaranta volte in un chilometro.*

*Nelle taverne ci si fermava a duellare e a schiaffeggiarsi con i guanti. D'Artagnan sfidava e uccideva tutti quelli che sorprendeva a giocare a flipper, perché il rumore lo mandava in bestia.*

*In queste taverne, che avevano nomi come "Il Gallo d'oro", "L'oca irsuta", "Il Buco del diavolo", si beveva in coppe pesantissime alte fino a mezzo metro, intarsiate di rubini e zaffiri, con olive gigantesche come cocomeri.*

*Una variante celebre di queste taverne erano quelle dei pirati, dove si beveva quasi esclusivamente rhum. In verità i pirati andavano pazzi per il frappé: ma rozzi e adusi alla vita di mare, finivano sempre per piantarsi i cucchiaini negli occhi. Per questo il novanta per cento portava la famosa benda nera.*

*Molti finirono così distrutti dall'«acqua di fuoco», finché il famoso Morgan l'orbo non scoprì che il frappé si poteva bere anche con la cannuccia. Per questa intuizione la regina d'Inghilterra lo nominò baronetto e gli regalò un timone in similpelle leopardo.*

*Alcune di queste taverne erano leggendarie, come il "Cannone delle Antille", il cui proprietario* era il famoso O'Shamrok. O'Shamrok aveva un pappagallo straordinario, Bozambo, che egli aveva addestrato a tenerlo sulla spalla. Cioè era il pappagallo che teneva sulla spalla O'Shamrok, il quale si teneva aggrappato con i piedi. Il pappagallo serviva i clienti in tre lingue e O'Shamrok fumava la pipa e si limitava a dire delle cretinate come «Shamrok vuole il brustolino» oppure «Shamrok dice buonasera. Eeeerk», e così via. In quella taverna si poteva entrare solo con una gamba di legno, o con un occhio di vetro, o con un uncino al posto della mano, tanto che c'era sempre un fabbro pronto a separare gli avventori che si salutavano. Il cliente più gradito era l'Olonese, che era in realtà un comodino con un braccio e un cappello in testa. L'Olonese beveva ogni sera quattro pinte di rhum, che gli venivano versate nei cassetti. Quando era in vena di scherzi, spalancava lo sportello in fondo e mostrava l'orinale, provocando l'ilarità degli astanti. Morì a Maracaibo: i suoi si ammutinarono e di notte gli riempirono il letto di tarli.

Un altro cliente abituale era il Corsaro Nero. Aveva una gamba di legno saldata male, e quando cambiava il tempo la giuntura gli dava delle fitte atroci. Quando ciò avveniva, il Nero perdeva la testa, cominciava a urlare e con la scimitarra si tagliava la gamba. Per questo uno dei suoi uomini lo seguiva sempre con una sacca da golf piena di gambe di ricambio. Il Corsaro Nero era molto vanitoso e ne aveva più di trecento, tutte *di legno pregiato, da combattimento, da passeggio e da sera. Ne aveva anche una da affondamento, terminante in una pinna di tek.*

Una sera che era molto ubriaco e aveva molto male, il Corsaro Nero prese la scimitarra e si tagliò la gamba buona. Sulle prime non volle ammettere l'errore e continuò a giocare stoicamente a chemin de fer. Verso mezzanotte, però, cominciò a dondolare sulla sedia e disse di non sentirsi bene. Per fortuna c'era lì un chirurgo, Almond l'assassino, che cosparse di whisky la ferita e disse: «Nero, tieni duro, adesso ti farò un po' di male». Il Corsaro disse: «Non ho paura del male. Ma cosa dirà mia madre?». Almond gli montò due gambe, ma una era più lunga, così il Corsaro stava in piedi un momento, poi precipitava a destra. Allora ne montò due uguali, ma una era scura e l'altra chiara e il Corsaro quando si vide allo specchio si mise a piangere. Finalmente riuscì a montarne due che andavano bene, ma proprio in quel momento entrarono gli sgherri dell'esercito inglese, capitanati da Nelson. Tutti i pirati riuscirono a fuggire scivolando con l'uncino lungo i fili del bucato. Solo il Corsaro restò fermo in mezzo alla sala con le gambe di legno, senza riuscire a muoversi. Nelson lo vide e disse: «Nero, cos'è, un altro dei tuoi sporchi trucchi?». Il Corsaro Nero replicò sardonico: «Bau», e cercò di scappare a quattro gambe. Fu preso e buttato nelle carceri, per essere impiccato l'indomani.

La Filibusta, quella sera, si riunì sulla nave

dell'Olonese per studiare una maniera per liberare il Corsaro Nero. Ma dalla costa facevano i fuochi artificiali, e tutti si precipitarono in coperta a vederli, così nessuno si ricordò più dello sventurato. La mattina il Corsaro Nero si presentò sul palco dei condannati con un sorriso beffardo. Continuò a sorridere anche mentre gli mettevano il cappio attorno al collo. Infatti s'era fatto fare, durante la notte, due gambe di legno alte sei metri, e quando la botola si aprì lui restò in piedi sui trampoli. Il boia dovette scendere sotto il palco con una sega. Ma intanto dalla nave dell'Olonese partì una bordata di cannonate che centrò in pieno il palco, e il Nero fuggì con la forca in spalla, arrivò fino al mare, rubò un gommone e tornò tra i suoi, che però si ammutinarono e lo fecero imbalsamare. Ma stiamo uscendo dall'argomento.

Passiamo quindi alla Rivoluzione francese: in questo periodo il bar ebbe veri momenti di fulgore. I nobili vi passavano quasi tutta la giornata.

Cristoforo Colombo era stato da poco in America, e appena sbarcato aveva visto gli indigeni che portavano al collo degli strani oggetti di ferro, a forma di cilindro con un piccolo becco. Gli indios, nel loro dialetto, li chiamavano «napoletana», o «moka», che voleva dire «macchina-di-ferro-dal-nero-succo-che ti sveglia». Essi tenevano in questi cilindri un liquore denso e scuro, di cui bevevano quantità incredibili. Cristoforo Co-

*lombo volle assaggiarlo e subito disse: «Manca lo zucchero», poi propose una permuta, e si fece dare tre di queste macchine per trecento sveglie. Gli indigeni, soddisfatti, lo chiamarono «Bazuk», (uomo-bianco-che-fa-gli-affari-da-bestia), e fecero un balletto in suo onore.*

*Colombo tornò in Spagna, e appena giunto alla corte della regina Isabella, si chinò ai suoi piedi con la cuccuma in mano e le fece una grossa macchia sul vestito intarsiato di diamanti. La regina adirata disse: «Que fais?» (cosa fai?), anzi non disse proprio così, comunque da quel giorno la bevanda si chiamò Quefé e poi Caffè, anche se il popolo irriverente insisteva nel chiamarlo Cazzofè. Alla corte spagnola il caffè divenne subito di gran moda: ma potevano berlo solo gli uomini, poiché per le donne era considerato scandaloso farsi vedere con una tazzina in mano. In realtà, le dame della corrotta corte di Isabella tutte le notti, di nascosto, scivolavano fuori del palazzo reale travestite da palafrenieri, e andavano a bere il caffè nella suburra. Un giorno il cuoco di palazzo, Olivares, sorprese la regina che di nascosto frugava nel bidone del rusco per raccattare una manciata di fondi. Per far tacere lo scandalo il re dovette nominarlo marchese e impiccarlo.*

*Dalla Spagna il caffè volò in Francia, dove divenne la bevanda preferita della nobiltà. Qui l'abate Sieyes, nota figura di taccagno, inventò il cappuccino, che originariamente al posto del latte aveva l'acqua.*

*I nobili francesi, come detto, davano triste spettacolo di sé passando tutto il tempo al bar e divertendosi a sputare i semi delle olive in testa al Terzo Stato. Il popolo fremeva, e Parigi era ormai una polveriera. La scintilla fu data da un episodio avvenuto al bar "Le Canard muscleton"; il marchese di Poissac, noto libertino, buttò una palla di gelato nella scollatura di una cameriera, e il marito di questa lo inseguì tra i tavolini e lo uccise. Subito il popolo, armato di forconi, scese in strada e si mise a fare scempio di aristocratici. Il re, dato che la CIA non era ancora stata costituita, fu costretto a fuggire. Ma mentre stava già con una gamba sul davanzale della finestra, gli giunse la notizia che i rivoluzionari si erano riuniti nella sala della pallacorda. Allora si precipitò trafelato, e infatti li trovò che giocavano, e stavano litigando perché Robespierre aveva sbagliato una schiacciata.*

«*Voglio giocare anch'io*» *disse il re, e tutti gli piombarono addosso e lo portarono alla ghigliottina.*

*Intanto, in Italia, Girolamo Savonarola bollava la corruzione della nobiltà e lanciava il caffè Hag. Il resto è storia dei giorni nostri.*

# La Luisona

Al bar Sport non si mangia quasi mai. C'è una bacheca con delle paste, ma è puramente coreografica. Sono paste ornamentali, spesso veri e propri pezzi d'artigianato. Sono lì da anni, tanto che i clienti abituali, ormai, le conoscono una per una. Entrando dicono: «La meringa è un po' sciupata, oggi. Sarà il caldo». Oppure: «È ora di dar la polvere al krapfen». Solo, qualche volta, il cliente occasionale osa avvicinarsi al sacrario. Una volta, ad esempio, entrò un rappresentante di Milano. Aprì la bacheca e si mise in bocca una pastona bianca e nera, con sopra una spruzzata di quella bellissima granella in duralluminio che sola contraddistingue la pasta veramente cattiva. Subito nel bar si sparse la voce: «Hanno mangiato la Luisona!». La Luisona era la decana delle paste, e si trovava nella bacheca dal 1959. Guardando il colore della sua crema i vecchi riuscivano a trarre le previsioni del tempo. La sua scomparsa fu un colpo durissimo per tutti. Il rappresentante fu invitato a uscire nel generale disprezzo. Nessuno lo toccò, perché il suo gesto malvagio conteneva già in sé la più tremenda delle punizioni. Infatti fu trovato appena un'ora dopo, nella toilette di un autogrill di Modena, in preda ad atroci dolori. La Luisona si era vendicata.

La particolarità di queste paste è infatti la non facile digeribilità. Quando la pasta viene ingerita, per prima cosa la granella buca l'esofago. Poi, quando la pasta arriva al fegato, questo la analizza e rinuncia, spostandosi di un colpo a sinistra e lasciandola passare. La pasta, ancora intera, percorre l'intestino e cade a terra intatta dopo pochi secondi. Se il barista non ha visto niente, potete anche rimetterla nella bacheca e andarvene.

# Attrazioni

Un bar Sport possiede un richiamo tanto maggiore, quanto più organicamente possiede attrazioni: ad esempio, è perfettamente inutile che un bar possieda un buon biliardo, se non ha un buon scemo da bar. E parimenti, un bar che possiede uno scemo di ottima qualità, non può competere con un bar che abbia un mediocre scemo ma che possa sfoggiare un ombrello dimenticato da Haller. I bar più di classe hanno un vero e proprio mercato di attrazioni, con pezzi pregiati: un buon tecnico da discussione del lunedì, ad esempio, viene valutato mezzo milione; un fattorino cantante con sopracciglio basso vale almeno due flipper o, a preferenza, un flipper e una foto gigante firmata di Bartali sull'Izoard. Ma vediamo nei dettagli.

## I flipper

Ogni bar Sport ha un flipper o due e almeno un giocatore professionista di flipper. Il flipper funziona a gettoni, a bottoni, a piccoli biscotti, a rondelle: con qualsiasi oggetto rotondo, insomma, che non sia una moneta da cinquanta lire. Se nel flipper viene introdotta una moneta da cinquanta lire, esso emette un rumore strozzato, vibra per alcuni secondi e si blocca. Allora bisogna chiamare il padrone il quale tira un calcio al flipper, che subito *non* restituisce la moneta. A questo momento dal fondo della sala si alza un individuo che sa tutto sui flipper. Egli chiede una chiave inglese e del filo spinato. Dopo un'ora se ne va, dicendo che in tutta la sua carriera non ha mai incontrato un flipper così, e che di sicuro c'è un errore di costruzione. Quasi sempre questi individui segano le gambe del flipper e compiono altri atti di sadismo, senza il minimo risultato. Per far funzionare la macchina l'unica maniera è di introdurre una coramella da idraulico. Il flipper riprenderà a funzionare, restituendo cinquanta lire false.

Il flipper di buona qualità emette ogni mille punti degli spari fragorosi, tanto che molti clienti alzano le mani in alto. In ogni caso, il rumore di un flipper può agevolmente essere coperto da una discussione a tre sulla Fiorentina.

Il professional flipperman, o professionista del flipper, ha un'età media di diciassette anni e si distingue per un astuccio di cuoio nero che porta sempre sotto braccio. In esso tiene gli indici della mano destra e sinistra, vale a dire i suoi arnesi di lavoro. Quando si appresta a giocare, egli li tira fuori dalla custodia, li monta con tutte le cure, e poi per dieci minuti fa una ginnastica alle dita detta «dello sgraffigno», per la sua somiglianza con il gesto napoletano che indica il grattare. Quindi si attacca al flipper e comincia a giocare. Il vero giocatore, oltre che con le dita, gioca con i piedi, calciando le gambe, con la zona pubica, con la quale scuote il flipper come in un rapporto sessuale, con le palle degli occhi e con le spalle che tremano in continuazione. Normalmente resta attaccato dalle quattro alle cinque ore, ma alcuni possono resistere anche di più: in America un portoricano di quattordici anni restò attaccato dieci giorni, prima che il barista si accorgesse che era rimasto inchiodato da una scossa elettrica a 20.000 volt.

Il compito del giocatore professionista è di fare il record e di scriverlo sul flipper. Un flipper medio porta normalmente sulla schiena le seguenti scritte: Gianni 24.000; Aldo 34.524; sotto: balle. Nino 39.989; sotto: non ci crediamo. Gianni 65.892 – testimoni: Aldo Graffi, Amos Natali (firme). Rossano 42.654.788 – alla presenza di (seguono 54 firme false).

*La pesca col boero*

La pesca col boero si fa partendo dalla base di un cartone da bucare. Con cento lire si fa il buco e si scopre una pallina colorata che dà diritto a un premio. Dietro al cartone sono in mostra conigli di stoffa alti come utilitarie, uova di pasqua gigantesche e mostruosi cani di pelouche che portano sulla schiena frane di cioccolatini. Ma nessuno, a memoria d'uomo, ha mai visto vincere uno di questi oggetti. Un vecchietto, a Varese, giurò di aver visto con i propri occhi un soldato tedesco vincere nel '44 un'oca gigante piena di caramelle, ma non venne creduto e fu bollato come arteriosclerotico. A questa pesca è invece molto facile vincere boeri: sono boeri al liquore ma normalmente, aprendoli, si scoprono avanzati processi di cristallizzazione, stalattiti, blocchi di cemento, tutto, insomma, all'infuori del liquido originario. In un boero, a Parma, un professore di liceo scoprì una grotta naturale calcarea, con fiume sotterraneo, ricca di minerali sconosciuti.

La pesca al boero è molto seguita nei bar dei centri minori, dove molte persone hanno dovuto contrarre ipoteche sulla casa per potersi permettere il vizio, e da anni nutrono i figli a boeri. Il bucatore di boero, normalmente, viene gettato sul lastrico dalla sua insana passione nel giro di pochi anni, e finisce intossicato da alchermes in case di cura, dove passa tutto il suo tempo a fare buchi nelle scatole da scarpe con uno stecchino.

## Il calcetto o (nei bar di destra) calcio balilla

Il calcetto è uno degli sport italiani più diffusi. Si tratta di un gioco nel quale, con alcuni omarini di legno, bisogna spingere una pallina nel calzino avversario. Dico calzino perché quasi sempre il buco della porta avversaria è chiuso appunto da un calzino, piccolo accorgimento mediante il quale si può giocare con la stessa pallina tutto un pomeriggio.

Il calcetto è uno sport faticosissimo. Il vero giocatore lo pratica quasi completamente nudo o in mutande, essendo un gioco quanto mai accaldante. È anche rumorosissimo, specie se giocato dalle donne. La donna più calma e silenziosa, messa a giocare a calcetto, emette acuti e strilli spaventosi, viene colta da riso convulso e perde le scarpe. Gli psicologi, per questo, vedono nel calcetto uno sport dalla fortissima carica sessuale (lo conferma, tra l'altro, il fatto che le donne, durante le partite, usano quasi sempre tirare gomitate nelle palle ai partners), e per queste ragioni, appunto, lo consigliano vivamente alle coppie in crisi.

## Il biliardo

Il biliardo è il re delle attrazioni di primo grado. È formato da un tavolone coperto di panno verde, da quattro bocce bianche, quattro rosse e una pallina blu. A un lato del biliardo, all'inizio del gioco, si pongono i giocatori, agli altri tre i rompiscatole.

Le bocce sono di materiale duro, magnetizzato verso il centro della Terra, a cui esse infatti tentano di tornare infilandosi sotto gli armadi e nei posti più remoti. Il tavolo è perfettamente orizzontale, almeno nei primi giorni, poi tende a stabilizzarsi in uno dei seguenti tipi:

*Biliardo lento, o che non corre*. Molto spesso la sua lentezza è dovuta a macchie di friggione, tabacco, vino e sputi che distruggono il panno verde, dando origine a un terreno di tipo arido-desertico. Su questo biliardo le bocce procedono con grande fatica, sollevando polvere e sterpi, e solo giocatori di grande forza riescono a fare più di due sponde.

*Biliardo veloce*. L'uso ha trasformato il panno verde in una specie di vetro duro Le bocce raggiungono velocità sui 340 km orari, e spesso devono essere abbattute a fucilate nell'impossibilità di fermarle. I giocatori avvezzi a questi biliardi hanno mani leggerissime, tanto che sono costretti a farsi mettere la boccia in mano da un partner, non avendo la forza di sollevarla.

*Biliardo traditore, o accidentato*. Sono i biliardi mantenuti in ambienti non a temperatura costante. Talvolta, per il freddo eccessivo, raggrinziscono fino ad assumere le misure di un lavandino, oppure si riempiono di crepacci, tanto che ogni boccia deve essere accompagnata da una guida alpina. Oppure, per il caldo, si imbarcano e assumono forma trapezoidale, di stella, di ottovolante, di arca di Noè.

*Biliardo occupato*. È un tipo di biliardo molto comune, odiato da tutti i giocatori. Assolutamente normale sotto tutti gli altri aspetti, vi giocano due vecchietti lentissimi che non lo lasciano mai libero.

*Biliardo incastrato*. È un biliardo situato in ambiente molto stretto, cioè in una stanza occupata interamente dal biliardo. Si gioca lanciando le bocce attraverso un buco nel muro della camera accanto.

*Biliardo da passeggio (o water-biliardo)*. È un biliardo situato all'entrata del gabinetto del bar. Mentre si gioca, gli avventori lo scavalcano slacciandosi i pantaloni. Nei locali più scadenti il biliardo è situato nel gabinetto stesso, e il problema si presenta in altre forme.

## *Riffa*

Gioco molto popolare, specie nel Veneto. Si compra un numero e si aspetta, finché il primo premio non è vinto da un cugino del barista.

## *I giochi di carte*

I giochi di carte sono, naturalmente, tanti che non possiamo qui ricordarli tutti. I tre più diffusi sono:

*Il tressette*. Si gioca con dieci carte a testa. Durante la partita si può dire «Busso», «Striscio», «Volo», o «Brucio» se il vostro compagno vi fa cadere la sigaretta su una coscia. È proibito dire frasi come «Ho sette bastoni» o «Sono nella merda».

*La briscola*. Gioco molto semplice. L'avversario sbatte sul tavolo una carta, e voi dovete sbatterla più forte. I buoni giocatori rompono dai quindici ai venti tavoli a partita. È opportuno, prima di sbattere la carta sul tavolo, inumidirla con un po' di saliva. Le carte prendono così la caratteristica forma a cartoccio, e la durezza di un sasso. In molti bar, per mescolare un mazzo di carte da briscola, si usa un'impastatrice. Quando la carta è abbastanza vecchia, diventa molto dura e pesante, e se non siete allenati è opportuno giocare con guanti da elettricista.

*Il poker*. Il poker si gioca in quattro, oppure in tre col morto, o anche meglio in tre col pollo. Per prima cosa bisogna dare le carte. Il vero giocatore compie l'operazione in sei secondi con la sigaretta in bocca. Il dilettante ci mette tre minuti con la lingua fuori. Al termine dell'operazione quasi sempre il suo compagno di destra urla perché ha ricevuto in mano quattro carte e una cicca accesa, mentre il dilettante sta fumando il re di quadri. Oltretutto è molto facile che il dilettante si sia dato nove carte e che due siano finite sul lampadario. Il dilettante non deve, a questo punto, lasciarsi prendere dal panico, e soprattutto non commettere nessuno dei seguenti errori:

1. Fare le pile e i giochini con le fiches, e chiedere agli altri: «Chi mi dà due tonde rosse per due tonde blu, che voglio fare la bandiera francese?».
2. Quando gli si chiede di aprire, non dire «Vado subito, in effetti c'è molto fumo», e spalancare la finestra.
3. Fare il rumore del motorino col mazzo di carte durante il gioco.
4. Chiedere prima due, poi tre, poi quattro, poi anzi, no, cinque carte e non ricordarsi quali erano le vecchie e quali le nuove.
5. Quando sono rimasti solo in due a disputarsi un piatto grosso, scivolare alle spalle di uno e strappargli le carte di mano per vedere il punto.
6. E ancora: quando bluffa, il dilettante non cerchi di darsi un contegno. Un mio conoscente, tutte le volte che bluffava, tirava ostentatamente fuori di tasca pennello, crema e lametta, e si faceva la barba fischiando. Naturalmente era nervoso e alla fine della serata si era tagliato la faccia come Frankenstein. Non fate la faccia impassibile: molti dilettanti cercano di bloccare ogni muscolo facciale, col risultato di avere poi effetti secondari rivelatori, come grosse scorregge, per lo sforzo. La stessa cosa vale se avete

un poker. L'ideale sarebbe avere sempre lo stesso atteggiamento durante tutta la sera. Un giocatore molto bravo, che conoscevo, appena si sedeva al tavolo si metteva a fare il verso della sirena dell'ambulanza, e tirava di lungo tutta sera senza una pausa. Un altro giocava con baffi e naso alla De Rege, ma si tradiva perché quando aveva un buon punto sveniva.

*Il telefono*

Il telefono, in un bar, e sempre nascosto. Vive di preferenza in spazi angusti, preferibilmente dietro una pila di casse di birra. Per trovarlo, basta entrare nel bar e puntare verso il fondo. Là, in un buco di un metro e mezzo, è appeso il telefono, quasi sempre a tre metri di altezza. Al telefono c'è il telefonatore da bar, individuo dalle caratteristiche singolari, che si divide nelle seguenti categorie:

a) *Sorridente continuo*. Questo individuo sta con la cornetta in mano e una espressione beata sul viso. Non parla mai. Ascolta divertito per ore, talvolta annuisce con la testa. Ogni tanto vi guarda. Dall'altro capo del filo, evidentemente, c'è una persona spiritosissima in grado di sostenere la comunicazione per ore da sola. Dopo il primo quarto d'ora anche voi comincerete a sorridere per solidarietà, e a scambiare sguardi soddisfatti con il telefonatore. Per farlo contento, potete anche ridere e dire «buona questa».

Dopo un'ora il telefonatore riattacca la cornetta e si allontana con un'aria preoccupatissima.

b) *L'arrabbiato*. È un individuo di colore rosso che urla furibonde minacce e gesticola come un pazzo, indifferente al vostro stupore e a quello degli altri avventori. Dalla cornetta viene la vocina alterata dell'interlocutore. Parla due ore e prima di andarsene via sbatte la cornetta spaccando il telefono e costringendovi a cercare un altro bar.

c) *L'innamorato*. Telefona con la faccia contro il muro, tenendo la cornetta stretta tra le mani. Se vi avvicinate, cerca di fare il disinvolto, oppure si rannicchia in un angolo come un topo e vi fissa con odio. Dà piccoli baci al telefono, e anche carezzine. Se si crede solo, si abbandona a incredibili manovre erotiche con la cornetta, tenendo gli occhi chiusi.

Al momento dell'addio non deve essere assolutamente avvicinato. Infatti la sua ragazza non stacca la comunicazione prima che lui l'abbia chiamata «porcellina mia», e se voi siete tra i piedi e lui si vergogna, si può anche andare alle tre di notte.

L'innamorato, infatti, comincia a dire frasi tipo «Sì, anch'io» «Lo sai, tanto tanto» «Sì, io di più», che non accontentano la fidanzata, la cui voce sale sempre più alterata dalla cornetta. L'innamorato suda e vi guarda chiedendo pietà. Si infila per tre quarti la cornetta in bocca e sussurra un «porcellina mia» impercettibile. A questo punto, dall'altro capo del filo, esce un «Come? Non ho capito! Hai paura a dirlo?», e l'innamorato impallidisce.

A questo punto l'unica soluzione è di andar via per un momento. Sentirete una specie di sussurro, poi alcune urla orgasmiche. Sfogato e sazio, l'innamorato uscirà dalla cabina del telefono, avendo salutato la sua porcellina.

d) *L'appuntamentista*. Anche questo è un personaggio pericolosissimo. Egli fissa per telefono un appuntamento di lì a mezz'ora. Dall'altra parte del microfono parla un aborigeno australiano. Infatti, per quanto il nostro uomo si sforzi, l'altro interlocutore dimostra di non conoscere nessuna via o piazza della città, e di non essere buono neanche di prendere un tram. Dopo un'ora di tentativi, in cui il Nostro descrive all'aborigeno ottanta punti diversi del centro della città, senza riuscire a mettersi d'accordo, i due decidono di trovarsi alla stazione, sotto l'edicola dei giornali più grande.

e) *L'interurbano*. Questo signore si avvicina al telefono curvo con due chili di gettoni in ogni tasca, emettendo rumore di slitta natalizia. Inserisce nel telefono una prima partita di centoventi gettoni, e chiede al barista il prefisso di Sondrio. Si impossessa delle pagine gialle e comincia a sfogliarle nervosamente nei due sensi per un'ora. Bestemmia e straccia. Quando ha trovato il prefisso, preme per errore il tasto di recupero e viene investito da una valanga di gettoni che rotolano ai quattro angoli del bar. Il telefonatore ribestemmia e ricarica l'apparecchio. Si impossessa dell'elenco di Firenze e cerca per due ore il numero, mentre a intervalli regolari un gettone schizza dalla buchetta e lo colpisce tra gli occhi. Il telefonatore telefona al centralino e, dopo un'ora, ottiene il numero, ma ha già scordato il prefisso. Riprende le pagine gialle e chiede altri duecento gettoni.

Poi:

1. Parla per mezz'ora in tedesco col posto di frontiera del Brennero dove il doganiere continua a intimargli l'alt.

2. Telefona tre volte alla signora Ida Corcelli, che stava dormendo, chiedendo tutte e tre le volte del maresciallo Barone. La terza volta la signora Corcelli ha una crisi.

3. Si intromette in una conversazione tra pederasti urlando «Chi siete? Io stavo parlando con Sondrio» e ottenendo in risposta dei tirini.

4. Telefona di nuovo alla signora Corcelli.

5. Riesce ad ascoltare il giornale radio e a parlare con Zurigo, mentre i gettoni si consumano a raffiche di venti al minuto.

6. Riesce a parlare con Sondrio, non col maresciallo Barone, ma con un suo compagno di scuola che ricorda come da piccolo il maresciallo fosse chiamato «polpetta».

7. Riesce a parlare col maresciallo Barone, ma la conversazione cade per mancanza di gettoni.

8. Parla di nuovo con casa Corcelli, dove il medico gli dà notizia della morte della signora e gli chiede un prestito.

9. Parla col maresciallo Barone chiamando un numero di Rimini, attraverso un radioamatore fiorentino che sta girando in macchina sull'autostrada.

10. Preme il bottone, ed escono tutti i gettoni, un getto di cioccolata calda, venti preservativi e una figurina di Anastasi con portachiavi bianconero.

11. Dimentica di pagare i gettoni.

*La bacheca*

La bacheca del bar contiene anzitutto la formazione del Bologna a colori. Poi il manifesto della partita di domenica, il tabellone dei risultati e una foto del barista a braccetto con Bulgarelli. Segue il manifestino ciclostilato di una gara di pesca, dove non si riesce a leggere niente tolto un gigantesco "Primo premio due prosciutti". Poi c'è il manifesto di una gara di briscola, dal contenuto piuttosto oscuro per chi non è dell'ambiente e che dice all'incirca:

CRAL FERROVIERI
*Da martedì 26 a giovedì 28: torneo
di briscola a coppie. Gioco classico,
segni alla bolognese,
vietato il gangino, il linguino e l'occhio di pollo.*

*Prima giornata:*
*Biavati-Zorro contro il Conte e Ciucca*
*Zatopek-Brufolo contro Gnegno-Stambazzein*
*Togliatti-Filòt contro Tex Willer e lo Spiffero*
*Testa d'legn-Tortellone contro il Kaiser e Mioli*
*(se la moglie lo lascia venire)*
*Baldini I-Baldini II contro Tamarindo*
*e uno di Milano*
*Arbitro giudice unico Scandellari*
*(non quello matto)*
*Intervenite numerosi.*

Poi ci sono le cartoline. Sono quelle che i clienti del bar spediscono agli amici per dare la prova che il viaggio è realmente avvenuto. Senza la cartolina, infatti, non è consentito dare il via alla stura delle balle. Vengono da tutte le parti del mondo. La maggior parte dall'Est, Romania e Jugoslavia, dove secondo quanto si racconta nei bar dovrebbero esserci tre milioni e mezzo di figli di italiani ogni anno. A seconda del tipo di spedizione attuata, le cartoline portano sul retro la scritta "Che donne!" o "Che lepri!". Sono sempre vedute notturne, con la città illuminata e una freccia con la scritta "Noi siamo qui". Seguono le firme di quaranta donne, palesemente false (una che c'è sempre è Ursula, ma anche Ludmilla si dà da fare; qualcuna si firma Maria Beckenbauer). Queste spedizioni, con equipaggiamento di duecento paia di calze, sottovesti, biro e forcine, finiscono nella maggior parte dei casi con un'unica ininterrotta mangiata e con l'acquisto di una dotazione per sei mesi di vodka.

Altre cartoline in evidenza sono quelle delle gite di Capodanno a Parigi. Poi c'è Athos che manda una cartolina con la fontana dell'acqua renella tutte le volte che va a Imola (distanza km 8). Una cartolina del '66 dal Sestriere spedita da Quaglia e firmata "La belva delle nevi". Una veduta notturna del Mottagrill di Cantagallo di Macci che ci fa il cameriere, e una cartolina da Lourdes di Torelli che ci ha portato la nonna paralitica e poi voleva indietro i soldi. Seguono due cartoline con gatti della morosa del fattorino e una ventina di quelle cartoline zigrinate con la giapponese che sfodera le tette a seconda del riflesso. Poi, incorniciata, la cartolina che fece piangere Trinca. Gliela spedì una ragazza che si chiamava Brigata d'Artiglieria da Montagna e veniva da Pordenone.

# Il tecnico

Il tecnico da bar, più comunemente chiamato «tennico» o anche «professore», è l'asse portante di ogni discussione da bar. Ne è l'anima, il sangue, l'ossigeno. Si presenta al bar dieci minuti prima dell'orario di apertura: è lui che aiuta il barista ad alzare la saracinesca. Il suo posto è in fondo al bancone, appoggiato con un gomito. Lo riconoscerete perché non si siede mai e porta impermeabile e cappello anche d'estate. Dal suo angolo il tecnico osserva e aspetta che due persone del bar vengano a contatto. Non appena una delle due apre bocca, lui accende una sigaretta e piomba come un rapace sulla discussione. Nell'avvicinarsi, emette il verso del tecnico: «Guardi, sa cosa le dico», e scuote la testa.

Il tecnico resta nel bar tutta la mattina: nei rari momenti di sosta tra una discussione e l'altra, studia la «Gazzetta dello Sport». Nell'intervallo per il pasto corre al buffet della stazione, che è sempre aperto, e lo si può vedere mentre col giornale che pende dalla tasca adesca i pendolari cercando di attaccare un bottone su Anastasi. Normalmente, si ciba solo di aperitivi, olive, patatine fritte e caffè, venti normali e venti hag, al giorno. Oppure fa un rapido salto a casa e mangia invariabilmente tortelloni, anzi li ingoia dicendo «Ho fretta, devo andare in ufficio». L'ufficio è il bar, dove il tecnico ricompare alle due meno dieci per restarvi fino all'ora di chiusura. A mezzanotte, il tecnico torna al bar della stazione, dove aspetta il giornale fino alle quattro, e accompagna a casa tutti gli amici per le ultime discussioni della giornata. Va a letto e parla nel sonno recitando classifiche fino alle sette, sette e mezzo.

Altra caratteristica del tecnico è lo sguardo: guarda sempre con un occhio chiuso per il fumo e con uno spiraglio dell'altro, rosso come brace e leggermente lagrimoso, la testa piegata da una parte. Il busto è leggermente ripiegato in avanti ad abbracciare l'ascoltatore; la mano sinistra mima; con la destra, munita di sigaretta, il tecnico vi dà continuamente delle piccole spinte, o dei colpetti sullo sterno, o vi tiene fermi contro il muro mentre parla.

Di cosa parla un tecnico? Di calcio, di sport in genere, di politica, di morale, di macchine, di agricoltura, di prezzi della frutta, di diabete, di sesso, di trattori, di cinema, di imbottigliamento, di spionaggio. In una parola, di tutto. Quale che sia l'argomento trattato, il tecnico lo nico li calma con un gesto della mano e passa in rassegna gli ultimi quaranta casi di menisco del campionato italiano. Spiega brevemente in cosa consista l'operazione; anzi, se qualcuno si presta, gli taglia un pezzo di pantalone e lo opera sul marciapiede con un temperino, mostrando agli astanti la funzione dei legamenti della rotula. Oppure estrae dalla macchina un modello anatomico di ginocchio umano e lo illustra. Quindi prosegue:

«Stopper Morini, libero Burgnich, mediano sinistro Re Cecconi. Ala destra Mazzola, mezze ali Benetti e Rivera, ala sinistra Riva, centravanti Savoldi.»

L'uomo col cappello appare da un tombino sulla sinistra e dice: «Savoldi? Siamo matti, Savoldi?».

«E perché?» gli viene chiesto.

«Perché ha i piedi piccoli.»

Allora il tecnico diventa color tecnico adirato, che è una bella sfumatura di rosso usata anche per i tailleur. Poi comincia a urlare tutti i numeri di scarpe dei centravanti italiani dal 1947, come un invasato: «Meazza 40, Piola 41, Charles 42, Pivatelli 40», dicendo che il piede piccolo, a meno che non sia porcino, non è affatto un handicap.

L'uomo con cappello ribatte: «Sì, ma Savoldi ha il 39».

«E lei come lo sa?»

«Sono il suo calzolaio.»

(Non è vero. Tutti gli uomini con cappello sono, oltre che incompetenti, malvagi e bugiardi.)

Allora il tecnico urla: «Lei è un tecnico di serie C», che in un bar è un'offesa quasi mortale, e l'uomo col cappello replica: «Sono quelli come lei che mandano in rovina la nazionale!» e in breve tempo si azzuffano. La gente li separa. Il tecnico si allontana con aria di superiorità. L'uomo col cappello, rimasto padrone del campo, dichiara che l'Italia non vincerà mai uno scudetto finché continua a tenere Pelé in porta. Viene preso, pestato, e mandato via col camion del rusco.

# Il professore

Il professor Piscopo era un signore distinto, con una bella barba sale e pepe e i baffetti aglio olio e peperoncino. Quando nel suo bell'accento partenopeo raccontava con la stessa enfasi il suicidio di Seneca o l'atterramento di Savoldi, dentro al bar non si sentiva volare una mosca. «L'ha detto il professore» era una frase che troncava qualsiasi discussione. Le sue divagazioni sulla natura dell'animo umano e sul significato dell'esistenza erano ascoltate con grande attenzione e alla fine tutti, poiché non avevano capito quasi niente, facevano la faccia triste e si davano delle gran pacche sulle spalle dicendo «Coraggio, amico mio, cosa vuoi farci» e tiravano grandi sospironi.

Ma più che come esperto di filosofia, il professore era molto quotato come esperto di posteriori femminili. Quando nel bar entrava una signora ben messa, e si accendevano le discussioni, subito qualcuno troncava e diceva: «Adesso chiediamo al professore». Il professore veniva messo su una sedia in direzione dell'obiettivo, inforcava gli occhiali, esaminava e intanto si tirava la barba e borbottava «Vediamo, vediamo». Alla fine alzava la testa e dichiarava ad alta voce: «Carnoso, equilibrato, ben composto. Sei e mezzo», oppure: «Michelangiolesco, ridondante, di grande effetto plastico. Sette e mezzo», oppure: «Scarniccio, nervoso, ma non privo di grazia. Sei meno meno». Tutti annuivano ammirati.

Il professore era gentile e cortese, ma una cosa lo faceva andare in bestia: gli errori di italiano. Se qualcuno gli diceva: «Posso offrirci un caffè?», rispondeva secco: «Studi la grammatica e torni a offrirmelo a ottobre». Una volta rimase chiuso in ascensore tre ore col Ciccio, il fattorino del bar, che continuava a dirgli: «Chissà se qualcuno venghi a prenderci? E se provassimo che urlassimo?». Quando lo tirarono fuori, il professore era in preda a una grave crisi isterica, e dovette stare a letto due settimane a semolino e libri di Pirandello.

Insegnava filosofia al Cavalcanti, il liceo più elegante della città, dove i bidelli erano vestiti in polpe e invece del quarto d'ora d'intervallo c'era un breve cocktail in abito scuro. Di giorno era un insegnante irreprensibile: la notte, invece, vagava per la città col cappello calato sugli occhi, in cerca di amore mercenario. Si diceva che amasse farsi legare al letto, mentre la compagna occasionale scriveva su una lavagna «Buoni e cattivi», e sotto la scritta a cattivi» il suo nome, professore Antonio Maria Piscopo. Allora il professore impazziva di piacere e cominciava a urlare «Sì, sono tanto cattivo, sono cattivissimo», e intanto si faceva dare delle bacchettate sulle dita.

Ma malgrado questo piccolo vizietto, era molto considerato. Spesso appariva al bar un po' alticcio, declamando la *Gerusalemme liberata* o cantando canzoni napoletane. Se qualcuno di diceva «Professore, abbiamo alzato un po' il gomito», lui lo guardava severamente negli occhi e diceva: «Non sono ubriaco: sono leggermente euforico per l'ingestione di piccole quantità etiliche. E poi, cos'è un ubriaco?».

## COS'È UN UBRIACO

*Divagazioni filosofiche del professor Piscopo*

«Prendete una qualsiasi persona, versatele dentro cinque o sei litri di birra, e ne farete un ubriaco» diceva Schopenhauer agli alunni del suo corso di Pessimismo all'università di Jena. Era una frase che il Maestro ripeteva spesso, e gli alunni si chiedevano ogni volta se il loro insegnante era molto profondo o molto ubriaco.

In realtà, Schopenhauer voleva dire che ognuno di noi è un ubriaco in potenza. Naturalmente, essendo ubriaco, aveva bisogno del paragone della birra per dare un'idea dell'ubriachezza. Se fosse stato sobrio, avrebbe usato altri termini, e non si sarebbe sdraiato sulla cattedra.

In realtà, soleva chiedersi spesso il filosofo, cos'è un ubriaco? E, penso, qualcuno di voi si sarà talvolta rivolto la stessa domanda. Non è, evidentemente, uno che beve. Tutti noi beviamo. Non è nemmeno uno che beve molto. I cammelli bevono molto, ma non ne ho mai visto uno cacciato fuori da un bar.

Schopenhauer, ad esempio, dava questa definizione dell'ubriaco: «Un ubriaco è quella persona che dopo aver bevuto molto vino, o birra, o bevande alcoliche, a fine serata vede due baristi dietro il banco». In realtà, è una definizione errata, come ebbe a fargli notare Hobbes. Se ad esempio al bancone del bar servono marito e moglie, cioè due baristi, tutti gli avventori del bar sono da considerarsi ubriachi? Evidentemente no. Quindi la definizione esatta, secondo Hobbes, è la seguente: «Un ubriaco è quella persona, che dopo aver bevuto molto vino, birra e melassa, a fine serata vede il doppio dei baristi che vedeva prima di bere».

A parte il fatto che Hobbes, come avrete notato, ha messo la parola «melassa» al posto delle bevande alcoliche, e questo non è ontologicamente corretto, perché corrisponde a un suo gusto soggettivo, non si vede come questa definizione possa essere presa per buona. «Infatti» critica Schopenhauer «la teoria del doppio è assurda. Mettiamo il caso che all'inizio, quando il futuro ubriaco inizia a bere, al bancone ci sia solo il marito, e la moglie sia a spazzare il retrobottega. A fine serata l'ubriaco non vedrà marito + marito: ma due mariti e due mogli, cioè quattro volte il numero iniziale. Inoltre, una persona che va al bar per divertirsi, non può mettersi a contare il numero dei baristi tutte le volte per essere sicuro di accorgersi quando è ubriaco.»

La critica di Schopenhauer è molto feroce, certo, ma *in re ipsa* ineccepibile, almeno fino a questo punto.

«Hobbes» prosegue Schopenhauer «può continuare nella sua vana ricerca di una definizione matematica dell'essenza dell'ubriachezza. In realtà, egli è un bevitore di melassa, e come tale dovrebbe limitarsi a parlare di libri per ragazzi. Comunque, se una definizione dell'ubriaco può essere tentata, io suggerirei questa: "Ubriaco è quella persona che, dopo aver bevuto molto vino, o birra, o fernet, o bevande alcoliche, non riesce più a stare in piedi su una gamba sola e a braccia aperte, e a camminare dritto su una immaginaria linea retta".»

Definizione granitica, nella quale però anche voi potete cogliere qualche debolezza. Il che non sfuggì a Hobbes, il quale soleva dire che «In amore e in filosofia tutto è lecito», come ben sapevano le sue scolare. Egli attaccò l'edificio schopenhaueriano con le pesanti mazzate della sua dialettica. Rilevò in primo luogo la presenza della parola «fernet» nel discorso del Maestro. «Evidentemente» scrisse Hobbes «nella camera dove ormai vive rinchiuso, Schopenhauer ha trovato una bottiglia di fernet, e questo ha gravemente deviato la sua prospettiva metodologica; infatti la sua ultima definizione è un capolavoro di formalismo, senza alcun contenuto. Prendiamo il fatto dell'"una gamba sola e con le braccia aperte". È ovvio che ben poche persone civili si sono mai trovate in vita loro in una simile posizione. Eppure, non penso che debbano essere considerate ubriache. Neanche il Papa, immagino, saprebbe restare su una gamba sola e con le braccia aperte. Schopenhauer vuole forse fare del sottile anticlericalismo? E poi, come dobbiamo immaginare che funzioni questo criterio? Forse che una persona deve entrare in un bar saltellando su una gamba sola, per dimostrare di essere sobria? E lo sarà per tutto il tempo che riuscirà a restare in quella scomoda posizione? E se metterà il piede a terra, dovrà da quel momento essere considerata ubriaca? E come farà a bere se deve tenere le braccia aperte? Schopenhauer risponda a queste domande, e gli regalerò una bottiglia di brandy. Inoltre, cosa vuole dire un'"immaginaria linea retta"? È ovvio che, se diamo spazio all'immaginazione, il rigore scientifico va a farsi benedire. E se io non riesco a immaginare una linea retta, ma solo donne nude? E se anche riesco a immaginarla, chi mi dice che è retta, e che la fantasia non mi giochi un brutto scherzo, e che non debba camminare tutta la notte su una circonferenza? Mi sembra di essere stato chiaro, anche se spietato. Propongo dunque, come mia ultima definizione la seguente, che mi sembra perfetta: "Ubriaco è quella persona che, dopo aver bevuto molto vino, o birra, o melassa, esce da sé"».

Definizione breve, illuminante, che però, come potete immaginare, non può soddisfare completamente una mente superiore. «Infatti» scrisse Schopenhauer «mi sembra che stiamo cadendo nel ridicolo. La frase "esce da sé" è un capolavoro di scemenza. Esce da sé? E dove va? E se esce da sé, lascia dentro tutto quello che ha bevuto? Ma allora non è più ubriaco. E se si porta dietro tutto quello che ha bevuto, cosa dice il primo sé? E il barista, chi deve far pagare? Il nuovo sé, il vecchio sé abbandonato, o tutti e due? Non vorrei che questa fosse una scusa per bere gratis alle spalle di chi lavora.

«Comunque, concedo un'ultima possibilità alla discussione. Non per Hobbes, che è troppo occupato a entrare e ad uscire dal suo sé per parlare di filosofia, ma per quanti hanno a cuore la civile disputa dialettica. Dirò allora che "Ubriaco è quella persona che ha bevuto molto, ma molto, molto vino, birra e bevande alcoliche".»

Mi sembra che l'intuizione del Maestro non abbia bisogno di commenti. Questa volta, anche Hobbes fu d'accordo e pagò da bere.

# L'insegna

L'insegna BAR SPORT era molto bella, e il padrone del bar, Antonio detto Onassis, l'aveva pagata sessantamila lire nel lontano '65. Quel giorno era lunedì. Il giorno prima l'elettricista era andato a vedere il Bologna a Firenze in Motom. Sulle rampe di Pian del Voglio aveva incontrato una bufera di neve a caduta orizzontale. Dopo pochi chilometri per il freddo gli si inchiodarono tutte e due le braccia. Non volle rinunciare e proseguì, facendo le curve con il peso della testa. Dato che aveva una testa molto grossa e bilanciata arrivò bene fino al km 86, poi, in una galleria, sbatté la testa contro il muro e precipitò dal viadotto. Sentì la partita per radiolina nel cavo di una quercia poi telefonò ai pompieri. Lunedì, però, aveva una forte emicrania, e trentanove di febbre. Insomma, a montare l'insegna venne il figlio Amos, detto Sugherone perché aveva la testa ancora più grossa del padre e di ancor minore peso specifico.

Sugherone si palesò e disse: ci penso io.

Sbatté gli occhi, prese un cacciavite e montò la lettera B. Subito il semaforo dell'incrocio emise un suono di frequenza e volò in pezzi. Nel contempo saltò in aria la televisione e la macchina del caffè si mise a lampeggiare verde. Allora Sugherone prese un filo e se lo mise in tasca, poi strappò due o tre resistenze e montò la A. A mezzogiorno aveva montato tutto BAR; scese dalla scala e andò a mangiare. Durante la sua assenza la lettera B comincio a vibrare e poi decollò in verticale lasciando dietro di sé una scia di neon blu. La A e la R, invece, si fusero insieme in un blocco di una certa bellezza. Contemporaneamente tutti i televisori del palazzo cominciarono a coprirsi di bugni e ad emettere lamenti. Sugherone tornò e disse che c'era un contatto. Salì sulla scala ma, appesantito dal cibo, cadde, tirandosi dietro molti metri di filo, tanto che il filobus si trovò sospeso per aria. Alle quattro e mezzo montò BAR PSOTR, con tre lettere intermittenti e due fulminate. Inoltre riuscì a intercettare tutte le comunicazioni della polizia e un colloquio tra radioamatori che si mettevano d'accordo per scambiarsi la moglie. Alle sette aveva montato BRA SPORKT, e benché insistesse che la K non stava male, dovette smontare tutto. Verso notte montò un BAR SPORT che si accendeva benissimo, ma dal Comune telefonarono che l'illuminazione della tangenziale era intermittente da un'ora, e si erano già avuti ottanta tamponamenti. Allora

Sugherone strappò altri tre fili e l'insegna si spense. In compenso ci accese una pila che teneva in tasca. Alle tre finalmente l'insegna era completa, senza effetti collaterali. Andarono tutti a letto, e l'insegna si spense nuovamente. E per un mese si spense regolarmente alle sette e mezzo, per riaccendersi puntuale all'alba. Bovinelli-tuttofare, intervenuto per un sopralluogo subito dopo la partenza di Sugherone, dovette arrendersi; e tutti gli elettricisti interessati dissero che era una caso misterioso e inspiegabile. Fu chiamato anche un primario elettricista tedesco, Frannenberg, che aveva curato l'illuminazione del Reichstag, ed era considerato un vero artista nel genere. Frannenberg stette tre giorni e tre notti nel viluppo di fili e interruttori, esaminando il tutto con un endoscopio. Il quarto giorno alzò la testa e disse «Was is knupf», che voleva dire «Qui c'è un gran casino», si pulì le mani nella tuta e se ne andò, presentando un conto di ottomila marchi.

Su consiglio della moglie, Antonio fece allora venire da Termoli una strega abruzzese esperta in righe sulle televisioni. La strega passò tre volte il pendolino sull'insegna, fece un ballo e poi disse di aspettare mezzanotte e di spruzzare acqua e olio santo sull'insegna, avendo però cura di lasciare un camion rosso con piume di civetta e venti forme di grana a cento passi. A mezzanotte fu spruzzata l'acqua e tutti furono contenti: miracolosamente l'insegna si riaccese, mentre la strega col camion di grana puntava già in autostrada verso Pescara.

L'insegna funzionò un mese con il seguente orario: ore 5-7: BR SPT. La A e la OR si accendevano alle sette e un quarto, quando cioè si spegnevano le altre. Dalle 7 alle 8 rimaneva accesa solo la B; poi due ore di buio totale. Dalle 10, variazioni intermittenti delle due R, in rosa e in viola. Dalle 11, tutto acceso ma alla rovescia. Poi un'ora di BAR ORT e, nelle sere più calde, un documentario sui castori

Finché un giorno un cliente del bar portò un suo cugino siciliano, che era diventato miliardario in America facendo il calciatore di elettrodomestici. Il cugino guardò l'insegna, si sputò sulle mani e menò un gran cazzotto sulla B: l'insegna si accese regolarmente. Tutto il bar esplose in un applauso: fu fatto un giro di cappello e furono raccolte seimila lire, che il siciliano rifiutò sdegnosamente. Tre mesi dopo arrivò, su carta intestata della Chicago Magic Kick, un conto di mille dollari.

# Bovinelli-tuttofare

Sul biglietto da visita c'è scritto Bovinelli-tuttofare, ed è vero: Bovinelli sa fare tutto. La prima volta che si presentò al bar, chiese se qualcuno aveva scarpe da risuolare, gomme da vulcanizzare o biciclette da riparare.

«Ma sì» disse l'avvocato Brega sghignazzando «e poi?»

«Anche giardini da curare, vino da travasare o muri da imbiancare» disse serio Bovinelli.

«Io ho capelli un po' lunghi» disse Muzzi.

La sera stessa alle nove suonò il campanello di casa Muzzi e si presentò Bovinelli con un asciugamano e la macchinetta. Tosò Muzzi, aggiustò la bambola della figlia che non diceva più mamma, levò le pulci al cane e mentre usciva diede l'olio al cancello. Cominciò così la carriera di Bovinelli.

Bovinelli girava con una giardinetta di legno piena di attrezzi: aveva tutto, dal martello alla scala snodabile. Cominciava dal fondo della strada, alle otto di mattina. Una casa alla volta.

Niente era impossibile per Bovinelli. Scendeva, vestito nella sua tuta blu, col metro di legno in tasca e la nazionale in bocca. Ascoltava il problema, tornava sulla giardinetta, e rientrava con qualche trapano incredibile, o un bulbo di tulipano, o una chiave inglese da locomotiva, o un pezzo di motore di bruciatore, ed eseguiva. Ogni intervento, duecento lire, qualunque fosse la specialità. Aveva due manine da chirurgo: di fronte a loro, si arrendevano i transistor e le caldaie. Questo fino al venerdì sera.

Venerdì sera alle otto precise Bovinelli posteggiava la giardinetta davanti al bar, si toglieva la tuta, si lavava le mani alla fontana, e poi si sedeva. Alle otto e dodici minuti era già serenamente ubriaco. In tre giorni, tutto quello che aveva guadagnato nella settimana veniva investito in vino. Per tre giorni non era possibile comunicare con lui, né parlargli. Tutt'al più, si poteva cantarci insieme. Quando il bar chiudeva, andava in giro per la città. Girava tutta notte sorridendo soddisfatto. Il lunedì mattina, alle otto, perfettamente sobrio, riprendeva il lavoro.

Accadde una volta che di sabato notte scoppiasse il tubo del lavandino in casa di Lasagna. Lasagna, che era di là a giocare a poker con la moglie e due morti, si trovò con l'acqua al ginocchio e i bambini che galleggiavano attaccati al comodino. «Aiuto» urlò, e svegliò tutto il palazzo. Cominciarono le scene di panico. Quando la situazione fu chiarita, Lasagna, in pigiama nel corridoio, disse: «Chiamate Bovinelli».

Andarono in due al bar. Bovinelli era seduto al suo angolo, con davanti uno schieramento di bottiglie vuote come i birilli del bowling, e cantava a bassa voce la rumba delle noccioline.

«Bovinelli, c'è un allagamento» disse Ferrari tirandolo per un braccio. «Devi venire subito.»

Bovinelli sorrise e gli offrì da bere.

«Bovinelli, i bimbi annegano! Il palazzo è pieno d'acqua! Le fondamenta scricchiolano!» incalzò Muzzi tirandolo per la giacca.

«Il dottor Bovinelli non è in ufficio» strascicò Bovinelli, e riprese a bere.

Finì che lo portarono di peso sul luogo del disastro. Un metro d'acqua dappertutto. C'erano già i pompieri con un tubo di sei metri e le pompe idrovore.

«Arriva Bovinelli» disse il capo dei pompieri. Fermò le operazioni, e fece mettere tutti da parte.

Bovinelli fece un rutto e si sdraiò per terra.

Lo tirarono su, ma non ne voleva sapere. Disse che era fuori orario. Allora Lasagna ebbe un'idea e disse: «Bovinelli, l'acqua sta riempiendo la cantina!».

Bovinelli ebbe un guizzo nell'occhio spento e disse: «Va acqua nel vino?».

«Sì» dissero tutti.

«Si mescolano insieme?»

«Sì, Bovinelli, proprio così.»

Allora Bovinelli si alzò, fece a zig-zag in tre chilometri i venti metri fino alla giardinetta posteggiata davanti al bar e tornò con un tampone di gomma misura doppio elefante.

«Cosa fai?» chiese Lasagna.

«Il bacio di Bovinelli» disse lui, si turò il naso con le dita e scomparve in apnea sotto l'acqua.

Passarono dieci minuti. Erano tutti molto preoccupati, quando si udì un plop gigantesco. Il bacio di Bovinelli, ovvero la ventosa del tampone che colpiva. L'acqua, per incanto, scomparve, e sparì ordinatamente nella fogna. Bovinelli la guidava con larghi cenni della mano, come un vigile urbano.

«Bravo Bovinelli» dissero i presenti, stringendosi intorno.

«L'ho fatto solo per il vino» precisò lui, e tornò al bar, a riprendere da dove aveva interrotto.

# Il bimbo del gelato

Questo personaggio, apparentemente innocuo, è uno dei più temuti dai baristi. Alto un metro e venti, con gli occhiali e la faccia da scimpanzé, è tuttavia dotato di un'eccezionale vitalità. Appare nel bar con lo sguardo perso: si avvicina al bancone con cento lire in mano e si aggrappa disperatamente al bordo. Il barista non lo vede quasi mai e continua a servire altri clienti. Se il bambino è molto timido, aspetta fino all'ora di chiusura, e talvolta il barista lo trova, addormentato, con le cento lire in mano, solo quando va a spazzare per terra. Se è normalmente timido, comincia a battere le cento lire sul banco con ossessionante regolarità. Se il barista non lo nota ancora comincia ad emettere versi come ehu, oah, oh. Alla fine s'incazza e se ne va senza prendere il gelato, proferendo terribili minacce. Spesso scrive frasi anatomiche sul freezer.

Se il bambino è un bambino furbo, va subito al freezer dei gelati, lo apre e ci entra con la testa, le spalle e metà del corpo. Se il barista non se ne accorge in tempo, il bambino per prima cosa gli mangia tutto il ghiaccio. Poi scarta tutti i gelati per trovare il suo. Allora il barista gli piomba addosso e molto stolidamente gli chiede cosa vuole. A questo punto il bambino gli chiederà un gelato con un nome assurdo, come Bananotto, Antartidino, Cremarancio, Baden-Baden, di cui il barista ignora l'esistenza. Il barista controlla tutte le scorte di gelato con la testa nel freezer, e ogni tanto emerge con gelati mostruosi pieni di bugni, strati e colori a forma di pecora e di autoambulanza. Il bambino li osserva serio uno per uno e ogni volta dice «Non è lui». Terminato l'esame, il barista ha un febbrone da cavallo perché andare su e giù per il freezer gli ha provocato una broncopolmonite fulminante.

Il barista si scalpella il ghiaccio dai capelli e guarda con odio il bambino, che fa «Allora voglio un cono». Il bambino si informa sui ventisette sapori in mostra, e ne sceglie venticinque. Il barista, ormai in balia dell'avversario, si lascia guidare docilmente e compila gelati alti dal mezzo metro in su. Quando il gelato è finito, il bambino dice «Non ci ha messo il torroncino al rhum», il barista dice «Sì», il bimbo «No», e bisogna smontare il gelato fino alle fondamenta, accorgersi che aveva ragione il bambino e rifare tutto.

A questo punto il bambino esce con settemila

lire di gelato mettendo nelle **mani** del barista cento lire collose e sudaticce, ai limiti del falso. Appena fuori dal bar, il bambino addenta il gelato, che gli cade per terra con il tonfo di un suicida dal terzo piano. Il bambino piange come un disperato. Il barista, anche lui piange. Poi gli rifà il gelato.

Il bambino esce, e mangia il gelato.

Oppure il bambino esce, e fa ricadere il gelato. E così via.

# Il Cinno

La spalla del barista è il Cinno, ovvero il ragazzo di bar, altrimenti detto fattorino. Il Cinno ha una bella faccia rosea bombardata di brufoli e vive in simbiosi con la sua bicicletta, la bicicletta del Cinno. Con essa il Cinno piomba come un falco in tutti i punti della città, supera gli autobus in corsa, atterrisce i cani e sgomina i vigili. Il Cinno, nell'andare in bicicletta, ha una serie di regole fisse:

*a*) È severamente vietato mettere le mani sul manubrio. Questo non solo quando si hanno le mani impegnate con un vassoio di tazze, thermos e maritozzi, ma in ogni altra occasione.

*b*) L'andatura da Cinno dev'essere altalenante, ovvero la bicicletta deve dondolare da sinistra a destra e viceversa, sfiorando il suolo, di modo che nel raggio di venti metri non si frappongano ostacoli viventi.

*c*) Si cade sempre e solo sulle ginocchia, qualunque sia la dinamica dell'incidente. Questo crea il famoso ginocchio da Cinno, uno dei problemi della medicina moderna. Esso è costituito da un arcipelago di croste e crostoni, che si rigenera continuamente.

*d*) Mentre pedala, il Cinno canta.

*e*) La via normale del Cinno è costituita da: marciapiedi, portoni, androni, giardini, portici. La strada è accuratamente evitata, perché pericolosa e perché le donne sono chiuse dentro le macchine e si vedono peggio.

Tutto questo comporta, naturalmente, che il Cinno sia molto odiato da vigili, pedoni e benpensanti.

Come si diventa Cinno? Si diventa Cinno perché non si ha più voglia di studiare. Alcuni lasciano la scuola e fanno i vicedirettori nell'azienda del babbo. Altri si mettono a fare borse e cinture. Altri ancora si fanno passare un piccolo stipendio mensile, si iscrivono a Architettura e partono per il Gargano. Altri, inspiegabilmente, preferiscono diventare Cinno. Qualcuno parla di vocazione, altri di ragioni sociali.

Come che sia, Cinno non si diventa da un giorno all'altro.

## COME SI DIVENTA CINNO

Il piccolo Masotti, il primo giorno di scuola, non piangeva come tutti gli altri bambini. Mangiava un fruttino di cotognata e si guardava intorno. Piangevano, invece, i Masotti genitori, perché era il giorno che sognavano da anni. Il piccolo Masotti fu inquadrato con tanti bambini neri e tante bambine bianche. Il direttore, un uomo dallo sguardo severo e i modi bruschi, li guardò sfilare tutti davanti senza una parola. Quando passò Masotti lo fermò, e gli disse: «Tu, aggiustati il fiocco» e fece l'atto di toccarlo. Il piccolo Masotti estrasse dal grembiulino nero una gambina secca e piena di bozzi da caduta di bicicletta, e colpì il direttore al cavallo delle braghe. Ebbe così inizio la carriera scolastica del piccolo Masotti.

Il piccolo Masotti era figlio unico di due Masotti. Masotti padre era camionista e portava pesce refrigerato su e giù per l'autostrada. Triglie giapponesi, merluzzi di Hong-Kong e un rombo di Cattolica a far da guardia. Guidava tutta la notte con la sola compagnia di un pacchetto di nazionali e una foto a colori di Ava Gardner, con autografo falso fatto dalla moglie. Non aveva mai avuto incidenti, tolta la distruzione di un Mottagrill Pavesi nel 1968 e una caduta nel Po per la quale i pescatori della zona continuarono a pescare seppie per molti anni a seguire. Guadagnava quanto bastava per non morir di fame, ma sognava per il figlio un futuro diverso.

Masotti madre faceva le tendine a fiori con una macchina a cucire a pedali, il casco in testa e una maglia della Legnano per non sciupare i vestiti. Le vendeva agli ospizi e ai camionisti amici del marito, per cui faceva anche la decoratrice. Prendeva un vecchio tre assi e in un giorno lo trasformava in un confortevole chalet svizzero, con vasetti di fiori, fodere con i coniglietti, tappetini e, a richiesta, un abat-jour sul retrovisore. Anche lei sognava per il figlio un futuro diverso.

Fu deciso che il piccolo Masotti si sarebbe laureato e avrebbe fatto l'avvocato. Fu allevato con grandi dosi di minestra e, su consiglio degli amici del bar, con giochi che sviluppavano l'intelligenza, come la battaglia navale e il meccano. Ma il piccolo Masotti non si rivelò subito né geniale né più avanti di quelli della sua età. Le sue corazzate affondavano come biscotti, e l'unica cosa che riuscì a fare col meccano fu un metro snodabile da sarto. Non leggeva Kant, non aveva orecchio per la musica, se gli si metteva la matita in mano disegnava sempre la stessa cosa, una patata, e poi si addormentava. È ancora un bimbo, verrà fuori, dicevano i Masotti genitori, ma erano un po' preoccupati. Masotti padre lo rimpinzava di fosforo, e ogni tanto rubava qualche quintale di merluzzo congelato dal carico e obbligava p.M. (piccolo Masotti) a mangiarlo a merenda. P.M. non protestava, si metteva il pesce in bocca e andava a giocare sotto al camion.

La prima pagella del Masotti fu tutta di 1, con un 3 in ginnastica. Il maestro disse che il ragazzo, si vedeva subito, era svogliato, non seguiva, e passava il tempo a intagliare con un temperino. Aveva già distrutto il suo banco ricavandone due zoccoli olandesi e una mazza da baseball, e doveva tenere i gomiti poggiati sulla porzione del compagno. Le sue schegge di legno costituivano un pericolo mortale per la classe, perché partivano come proiettili. Era capace di far decollare, in un giorno, fino a duecento aeroplanini di carta, alcuni da quali restavano in aria anche dieci minuti oscurando la visibilità. I suoi dettati pesavano come crescenti fritte e trasudavano inchiostro e sudore. Faceva delle *a* larghe un foglio e doveva fermarsi stravolto a metà della curva.

Fu subito bocciato.

Masotti padre, per l'incazzatura, prese su e andò da Bologna a Taranto in tre ore da casello a casello, tanto che il camion si surriscaldò e arrivò a destinazione un gigantesco carico di fritto il cui odore appetitoso fu sentito in tutta la città dei due mari. La Masotti madre non disse niente, continuò a pedalare sulla macchina da cucire, ma con l'aria triste di chi è rimasto staccato dal gruppo in salita.

Il p.M. fu mandato a ripetizione dal professor Manicardi, bella figura di studioso, che lo legò alla sedia e gli lesse per nove ore Leopardi, tutti i giorni, per tre mesi. Il piccolo Masotti imparò a memoria metà dell'*Infinito*, poi fece la doccia e dimenticò tutto. Fu bocciato anche l'anno seguente, e poi quello seguente.

Allora Masotti padre gli disse che se non si metteva a studiare non gli avrebbe più dato da mangiare. Il p.M. accusò il colpo. Tutte le notti si sentì la sua voce ripetere «Se un contadino ha nove mele e ne vende la metà...». Studiò per un mese, spostando grandi quantità di mele sul tavolo e contattando tutti i contadini della zona. Alla fine propose come soluzione dieci mele e mezzo e una cambiale di meloni in tre rate. Fu ribocciato.

Il Masotti padre si rassegnò. Invecchiato e con le gomme sgonfie, senza neanche più la forza di suonare il clacson, cominciò a girare in tondo sulla tangenziale senza voler vedere più nessuno. Gli amici gli tiravano al volo panini e giornali dal finestrino, e una volta al mese una battona ex trapezista di circo si lanciava da un Leoncino in corsa per tenergli compagnia. La Masotti madre, invecchiata e incanutita, aveva smesso di pedalare e allenava una squadra di suore che facevano mutande per carcerati. Il piccolo Masotti, che aveva ormai diciannove anni e stazzava sul quintale, andava a scuola col suo grembiulino che gli copriva metà del torace, e la cartella con la solita vecchia matita, un mozzicone invisibile a occhio nudo, che portava a temperare da un orefice

Andò avanti, finché i soldi finirono. Un giorno il piccolo Masotti aprì la cartella e non trovò la solita merenda, un panino con una cernia. Quella sera non tornò a casa.

L'indomani, alle prime luci dell'alba, si presentò al bar.

Era nato un Cinno.

# Cenerutolo
*Favola da bar*

C'era una volta un bar-bene.

Ai tavoli-bene sedeva gente-bene, bevendo grandi bicchieroni di roba verde con una fetta d'arancio. I visi erano abbronzati, le giacche cascavano bene, c'era un buon profumo di dopobarba, sali da bagno e borse di coccodrillo. I camerieri avevano la giacca bianca, basette ben tagliate e un sorriso luminoso, ma rispettoso delle distanze. Si chiamavano Toni, Rufus e Luis.

Unica nota stonata, in questo bar-bene, era un camerierino piccolo e modesto, che veniva da Trapani e si chiamava Cenerutolo Antonio. Cenerutolo non aveva la giacchetta bianca, solo un grembiule unto e bisunto con la scritta "Margarina Gradina", i sandali ai piedi e in testa un berretto di carta da pacchi. Per il suo misero aspetto, il padrone del bar, Ottavio, non voleva che si facesse vedere dai clienti. «Cenerutolo» gli diceva, «tu sei uno sguattero. Non puoi fare il cameriere, non hai la presenza. Metti gli stecchini nelle olive. Metti il salmone sulle tartine. Sgura il secchiaio. Lava i cucchiaini» e così via. Cenerutolo, che era molto buono, faceva tutto quello che gli si diceva, per 35.000 lire al mese, due pasti al giorno e un materasso tra le casse di birra. Lavorava contento e cantava *Core ingrato* con bella voce già tenorile, e tutti i passeri e le rondinelle volavano incantati a sentirlo e lasciavano un obolo.

Toni, Rufus e Luis lo prendevano un po' in giro, e si divertivano a schizzarlo col sifone del selz e a strappargli i peli delle sopracciglia, che aveva folte e nere, per riempire i vuoti dei loro baffi. Ma Cenerutolo lasciava fare. Anzi, voleva bene a Toni, Rufus e Luis, perché erano eleganti e sapevano portare tanti bicchieri tra le dita. Ah, come avrebbe voluto anche lui versare una Coca-Cola senza far la schiuma nel bicchiere di quelle signore, e avere una bella giacca bianca con la tasca piena di tappi. Ma la voce di Ottavio lo destava dai suoi sogni.

Cenerutolo aveva solo tre amici, con cui divideva lo sgabuzzino delle casse di birra. Due erano topini, di quelli che frequentano i bidoni dei rifiuti. Erano topini molto graziosi. Uno si chiamava Cavicchi, pesava venticinque chili e gli dava una mano nei lavori pesanti. L'altro si chiamava Emanuele, era un topo molto istruito e studiava per dare l'esame da cavia e sistemarsi alla facoltà di Biologia. Con loro Cenerutolo passava lunghe ore parlando di calcio e di donne, con la testa dentro a un buco nel muro.

L'altro amico di Cenerutolo era il Tre-uno Tre-uno, che lui sentiva tutti i giorni alla radio e che lo commuoveva fino alle lacrime. La notte, sognava Cavallina che lo teneva sulle ginocchia e gli raccontava delle bellissime storie.

Un bel giorno, al bar-bene, fu organizzato un cocktail-party in smoking, con barbecue, grill service, hot dogs, whisky and sour e dopo un salto al bowling. C'era tutta la crema della città, con una ciliegina in cima. La ciliegina era la principessa Sperelli, figlia del Re dell'acciaio e della Regina della ghisa, con un nonno magnate dello stagno, una sorella cassaforte e un fratello magro come un chiodo.

La principessa Sperelli aveva sedici anni, un volto angelico e alle spalle una laurea in lingue e nove aborti. Aveva avuto tutto dalla vita, ma si annoiava. I più bei partiti della città si prosternavano ai suoi piedi, ma lei li respingeva. In quel cocktail, la principessa avrebbe scelto l'uomo della sua vita. Per questo tutta la città era in fermento, sarti, parrucchieri e saune erano stracolmi, le lampade a quarzo ronzavano, i massaggiatori massaggiavano e si ripassava il francese.

Nel bar-bene, quella sera, c'era quindi una grande agitazione. Ottavio balzava qua e là disseminando portacenere, Toni si pettinava le basette, Rufus s'arricciava i baffi col coltellino da burro, Luis s'imbrillantava la testa con gelatina di Sevilla Marmalade. Cenerutolo spiava i preparativi nascosto dietro tre piani di piatti, mentre Cavicchi gli passava il Vim. Ah, sospirò, se potessi servire ai tavoli!

«Ti ho sentito!» gridò subito Ottavio. «Per carità, non ti devi far vedere, che figura ci faccio! Fila dentro alla ghiacciaia!» E lo chiuse tra i prosciutti. Cenerutolo stette buono buono a sentire il rombo delle Honda che arrivavano, i gioielli che schinchiccheravano, le ventate di Guerlain che riempivano l'aria, e risate, e *Quando calienta el sol*. Allora una lacrima scese sul suo sopracciglio ghiacciato, perché Cenerutolo s'era abituato a piangere all'insù per non sporcare per terra.

Ed ecco che accadde l'incredibile. La radio si accese da sola, per magia, e la voce di Cavallina disse:

«Si è rivolto a noi un cameriere di Trapani, Antonio Cenerutolo. È un caso molto umano. Cenerutolo, mi sente?»

«Sì, dottore» disse Cenerutolo, emozionato.

«Lei, se non sbaglio, avrebbe un grande desiderio. Servire ai tavoli del cocktail Sperelli.

«Sì, dottore.»

«Abbiamo qui, in qualità di esperto, il presidente dell'Associazione nazionale barman, Torelli. Gli cedo il microfono.»

«Mi sente, Cenerutolo?» disse il presidente.

«Sì, dottore.»

«Dove si trova adesso?»

«In ghiacciaia.»

«Bene. Dica tre volte: Tutto va meglio con Coca-Cola, chiuda gli occhi e conti fino a dieci.»

«Sì, dottore.»

Uno, due, tre, quattro...

«Allora, Cenerutolo?»

Cenerutolo aprì gli occhi e... prodigio! Ai suoi piedi, uno smoking di raso azzurro, dono dei lettori del «Radiocorriere», e Cavicchi ed Emanuele trasformati in coniglitte portasigarette.

«Grazie, grazie, dottore» disse Cenerutolo. Ma la radio, sempre come per magia, trasmetteva il bollettino delle maree.

Il cocktail era nel suo pieno, ma Ottavio non era contento. La principessa Sperelli non consumava. Invano Luis, Rufus e Toni volteggiavano come farfalle intorno al suo tavolo. La bella aveva mangiato appena mezza oliva, di malavoglia. Chiese un bicchiere d'acqua minerale, bevve un sorso, e disse che era troppo gasata. Gliene portarono un altro, ma disse che era poco gasata. Ottavio piangeva disperato.

Fu in quel momento che, a fondo sala, apparve Cenerutolo, azzurro, lindo e impeccabile. Un mormorio percorse la sala.

«Chi è quel maître?» dissero i signori-bene sottovoce. «Non s'è mai visto.»

«Che portamento, che stile!» dissero le signore-bene. «Dev'essere inglese.»

Cenerutolo si avvicinò al tavolo della Sperelli. In una mano aveva un bicchiere d'acqua semplice e nell'altra un calice pieno di bollicine. «Quanti cucchiaini, mademoiselle?» chiese Cenerutolo. «Due, grazie» disse la principessina illuminandosi; e tracannò la minerale sotto lo sguardo ammirato dei presenti.

«Questo è servizio» disse il Re dell'acciaio.

«Parbleu» fecero eco tutti i presenti, molti dei quali a bocca piena.

Poco dopo la principessina prese un cucchiaio e tra lo stupore generale si mise a battere sul bicchiere urlando: «Cameriere, cameriere!»

Cenerutolo guizzò tra i tavoli e disse: «Desidera?»

«Sei panini con prosciutto cotto» disse la Sperelli.

«Ma cosa succede! È impazzita?» bofonchiò il Re dell'acciaio.

«Lasciala fare, lasciala fare» disse la Regina della ghisa, che la sapeva lunga.

Di lì in poi, la principessa e Cenerutolo furono inseparabili per tutta la sera. Lui le tagliò l'ananas, la consigliò sullo champagne, le smacchiò una manica. Lei rideva, scherzava, beveva, e mangiava come un bufalo. Alla fine la sentirono anche fare un rutto e ordinare del coniglio in salmì.

«Ma insomma» disse il Re dell'acciaio, «basta! Ma che figura ci fa fare!»

«Son ragazzi, son ragazzi» disse la Regina della ghisa, che la sapeva lunga.

«Voglio una minestra di fagioli» urlò la Sperelli a quel punto, tra l'indignazione generale.

«Ferma, ferma» disse Ottavio, ma Cenerutolo era già sul posto con una scodella fumante.

«I fagioli a mezzanotte» osservò la Regina della ghisa. «Cara, ma perché non ti controlli un po'...»

«Mezzanotte!» disse Cenerutolo, e sbiancò. «E io devo ancora giocare la schedina!» Girò sui tacchi e scomparve dribblando i tavoli come terzini.

«Cameriere, il parmigiano!» urlò la Sperelli. «Dove va?»

Ma Cenerutolo già pedalava a tutta andatura verso il bar della stazione.

«Se n'è andato!» scoppiò a piangere la Sperelli, e tirò la minestra in faccia al presidente del tribunale.

«Ma chi è quel maître? Perché non porta il parmigiano alla mia bambina?» disse il Re dell'acciaio.

«Perché con la minestra di fagioli ci vuole l'olio» disse la Regina della ghisa, che la sapeva lunga.

Ma la principessina Sperelli piangeva e piangeva, e le lacrime e il rimmel scorrevano per il pavimento.

«Un milione a chi trova quel maître!» urlava il Re dell'acciaio. «Due milioni! Tre milioni! Tutte le mie fonderie!»

«Che scandalo» dicevano le signore-bene, «un maître che pianta lì di servire, e nessuno sa chi è, e da dove viene.»

Allora la Regina della ghisa, che la sapeva lunga, disse: «C'è un capello nella minestra!».

«È suo, è suo» gridarono tutti, «è del cameriere misterioso.»

«È un capello incredibilmente grasso, attortigliato, crespo e sporco» disse Alexander, il parrucchiere delle dive. «Così ce n'è uno su un milione.»

«È mio, è mio» dissero Toni, Rufus e Luis, e furono immediatamente incriminati per falso da numerosi generali presenti.

Il Re dell'acciaio andò alla Camera del lavoro, si fece dare una lista di camerieri, ne passò in rassegna tremila, ma nessuno aveva un capello del tipo cercato. Cenerutolo, che non avendo le marchette non era nella lista, avrebbe dunque continuato a lavar piatti fino alla morte, cantando *Core ingrato* e tifando Napoli.

Ma il destino aiutò i due giovani. La Maserati degli Sperelli investì Cenerutolo mentre in bicicletta recapitava una torta a domicilio. «È lui!» gridò la Sperelli vedendolo sotto le ruote. Lo curò amorosamente, poi lo assunse a 120.000 il mese più i contributi. Lo mise in batteria con due maggiordomi somali, una balia friulana e un cuoco francese. E vissero insieme felici e contenti, a parte Cenerutolo.

# Il nonno da bar

Il nonno da bar, entrando, è sempre di spalle.

Guarda la televisione. Molto spesso la televisione è spenta, ma lui guarda lo stesso e ride.

Allora vuol dire che è completamente suonato. Non importa.

Il nonno da bar ha sempre giacca e cravatta. La cravatta è un po' vecchia: è diventata, con gli anni, dura come l'acciaio per le macchie di sugo e di toscano.

Quando il nonno cammina, la cravatta emette il caratteristico suono di lamierino.

Qualche nonno, assalito da un malvivente, si sfila la cravatta dal collo e lo pugnala. I nonni che vengono rapinati sono solo quelli col papillon.

Dentro al nonno c'è il toscano. Un toscano da nonno è come un iceberg: la superficie visibile è solo un quarto: il resto è dentro la bocca del nonno.

Talvolta il nonno fuma a bocca chiusa: la presenza del toscano è rivelata solo dalla puzza.

Un toscano non si spegne mai. Resta in tasca anche due giorni. Quando il nonno lo tira fuori di tasca, dà un tiro e lo riaccende.

Il nonno da bar è pieno di ingenuità e di catarro.

Ogni tanto, tra i tavoli, si sente un rumore caratteristico: **KKKRRROOAAAAARRRKKK**. È la scatarrata del nonno.

A questo punto gli avventori più accorti si mettono in salvo dietro il banco, o sugli alberi.

La scatarrata è come il tuono. È un avvertimento. Arriverà il fulmine: lo sputo del nonno. Quattro nonni che scatarrano insieme fanno più rumore della partenza di un gran premio a Monza.

Ma questo è niente.

Il nonno, dopo la scatarrata, si guarda in giro. Guarda dove sputare. Poi sgancia. Il barista piange.

Alle cinque il nonno accende la televisione e guarda la Tv dei ragazzi. Gli piace moltissimo, anche se spesso non capisce.

Il resto, in realtà, lo odia. Tutto. Da Carosello al Telegiornale.

Il nonno guarda la televisione e proferisce terribili minacce. Insulta i presentatori e fa versi alle annunciatrici. A volte sembra addirittura sul punto di vomitare. Ma se la televisione si mette a fare le righe, impazzisce.

Comincia a parlare di congiura. Si alza in piedi. Gira tutte le manopole e finisce quasi sempre per staccare il filo con un piede. Morde chiunque tenti di avvicinarsi al televisore. Solo l'elettricista può andargli vicino. Gli fa due carezze, lo mette a cuccia e aggiusta il televisore.

Allora il nonno torna a sedersi.

E ricomincia a brontolare.

Il nonno odia tutte le discussioni di sport. Quando sente che se ne avvicina una, alza il volume al massimo, e si mette a mezzo metro dall'apparecchio.

Se qualcuno gli dice qualcosa, si finge sordo. In realtà, se qualcuno mastica gomma americana in ultima fila, lui si volta e lo fa smettere.

Il nonno odia soprattutto due cose: i gelati e Merckx.

I gelati perché è molto goloso, ma lui non riesce mai a mangiarne uno senza restare col bastoncino in mano e tutto il resto precipitato sulle braghe. Asserisce che le case non fanno gelati, ma macchine diaboliche per sporcare i nonni.

Il suo sogno sarebbe un gelato che gli camminasse fino in bocca.

Odia Merckx perché non vuole che si faccia il paragone con Pozzi. Appena sente la parola Merckx estroflette la dentiera in un ghigno aggressivo. Poi dice: «Ma che Merckx! Ai miei tempi sì, che c'erano dei corridori».

# Il grande Pozzi

Quell'anno il grande Pozzi aveva vinto quasi tutto, insomma non aveva più avversari. A volte pedalava con una gamba sola, a volte per divertirsi saltava giù di sella, si nascondeva dietro un albero, poi quando passava Bartoli saltava sulla ruota di dietro e si faceva portare per molti chilometri, poi cacciava giù Bartoli dalla bicicletta e arrivava da solo al traguardo. Vinse il giro d'Italia, quello di Francia, del Belgio, di Spagna, la Milano-Leningrado, il giro dei Vosgi e altre chicche. Finché un giorno venne a sapere che c'era un giro di Germania, e si iscrisse.

Al giro di Germania c'era anche il famoso Girardoux. Era alto più di due metri, con un culo enorme, tanto che al posto del sellino aveva una sedia da barbiere. Era completamente calvo, all'infuori di una folta capigliatura rossa che teneva annodata in trecce legate con filo spinato. Aveva anche due baffi dritti, orizzontali, durissimi e prensili, con i quali infilzava e si metteva in bocca il cibo mentre correva. Mangiava una zuppa tipica della sua regione, l'Artois, a base di metano e cappone lesso, e faceva dei rutti spaventosi all'indietro facendo cadere chi lo inseguiva. Aveva anche due piedi enormi; tutte le volte che stava per attaccare si gonfiavano ed emettevano un sinistro suono di carillon. Allora Girardoux inarcava la schiena e con quattro pedalate scompariva sui tornanti: la sua potenza era tale che spesso doveva frenare in salita per non uscire di strada. La macchina della casa, che era la Bouillabaisse Balboux, o qualcosa del genere, non riusciva mai a tenergli dietro. Quindi, quando forava, Girardoux dava un colpo di reni e proseguiva solo sulla ruota di dietro. Una volta forò tutte e due le gomme e vinse egualmente saltando sul mozzo del cannone come su un cangurino.

Quando Pozzi seppe che c'era anche Girardoux, disse una frase storica, «Adesso si vedrà», poi prese una pompa di bicicletta e ci fece un nodo. Quando Girardoux lo venne a sapere, disse: «Ah, sì?», e prese una pompa di bicicletta e ci fece tre nodi. Allora Pozzi disse: «Così, eh?», prese due pompe di bicicletta e ci fece una griglia rustica. Allora Girardoux disse: «Così, uh?», prese quattro pompe di bicicletta e ci fece un ritratto di profilo di D'Annunzio, per la verità non molto somigliante. Allora Pozzi prese il meccanico di Girardoux e ci fece una pompa di bicicletta. Allora Girardoux prese il meccanico di Pozzi, che però era molto furbo e non solo non fu neanche toccato, ma riuscì anche a vendergli per tre milioni una casa decrepita a Milano Marittima. I giornali montarono subito la faccenda, e subito qualcuno parlò di rivalità.

L'attesa dello scontro diventò frenetica. Pozzi prese nella sua squadra, la Zamponi, due gregari fortissimi, i fratelli Panozzo, che oltre a pedalare fortissimo erano eccellenti portatori d'acqua. Oltretutto, uno dei due sapeva fare dei cocktail stupendi, e l'altro era famoso perché una volta, sullo Stelvio, aveva preparato una carbonara per otto ai compagni di fuga senza smettere di pedalare. Poi c'era un certo Zuffoli, laureato in medicina, che faceva i massaggi e operava d'appendicite senza scendere di bicicletta, e oltretutto aveva inventato una «bomba» formidabile, di cui però non conosceva gli effetti collaterali. Infatti, durante una tappa di pianura cominciò a coprirsi di aculei e fu abbattuto a fucilate mentre cercava di mangiare un telecronista belga. Nella squadra c'era anche Sambovazzi, quello che tirava le volate e i mattoni in testa a chi fuggiva. Poi c'era Borzignon, che era un veneto molto buono che aveva il compito di pregare. Poi c'era Frosio che aveva una bellissima voce e quando c'erano le tappe di montagna e gli spagnoli fuggivano, emetteva acuti provocando rovinose valanghe. Fu uno dei gregari migliori, fin quando gli spagnoli non cominciarono a attaccare ai thermos dei San Bernardo.

Girardoux aveva anche lui una squadra coi fiocchi: tutti ciclisti alti due metri e con i baffi: per allenarsi facevano le gare con l'ascensore all'Hôtel Vienna di Berlino, dove erano alloggiati all'ultimo piano, negli appartamenti reali, e facevano una bella impressione entrando tutti e dodici in bicicletta e frac lungo lo scalone della sala da pranzo Toscanowsky.

Girardoux era un atleta molto diverso da Pozzi. Pozzi non beveva e non fumava, Girardoux fumava novanta sigari al giorno e beveva come un tombino. Pozzi era morigerato e andava a letto ogni sera alle nove. Girardoux aveva sei amanti, una spagnola, due sorelle russe, una cubana, una peruviana e una zingara bellissima che aveva rapito durante una cronometro in Ungheria. Andava sempre a letto dopo le tre, e si presentava la mattina alla tappa con delle clamorose vestaglie di seta arancio e lilla bevendo pernod. A volte dormiva un'oretta nei primi chilometri, in un'amaca tesa tra le biciclette di due gregari. A volte partiva solo a mezzogiorno e dopo dieci minuti era già col gruppo. Pozzi era modesto e semplice; Girardoux suonava otto strumenti, sapeva battere a macchina e fare il verso del riccio sorpreso a rubare. Ma tutti e due avevano un fisico e una forza tremendi: Pozzi poteva restare due giorni senza respirare e gonfiare uno Zeppelin senza tirare il fiato. Il cuore di Girardoux batteva tre volte al giorno, a mezzogiorno, alle sei e alle nove, e i polmoni tenevano di listino fino a ottomila litri.

Il giorno della partenza, a Berlino, c'erano più di tre milioni di persone. Il Kaiser in persona venne alla punzonatura, entrò nel box della squadra italiana, volle vedere la bicicletta di Pozzi e rimase con un dito tra i raggi. Poi andò nel box francese e parlò mezz'ora in tedesco con Girardoux, che però parlava solo francese e disse delle cose insignificanti.

Quando Pozzi e Girardoux si videro sulla linea del traguardo, dapprima si ignorarono. Poi Pozzi inspirò profondamente e da venticinque metri soffiò e fece volare il berrettino di Girardoux fino in tribuna d'onore. Allora Girardoux soffiò a sua volta e sbatté Borzignon, due meccanici e l'ammiraglia della Zamponi contro il muro di una casa a duecento metri. Subito accorsero i soldati che misero due tappi da damigiana in bocca ai rivali che si fronteggiavano minacciosamente.

Alle nove, si partì. La prima tappa portava da Berlino a Vienna attraverso tutti i Carpazi, e misurava milleduecentotto chilometri. Dato che c'erano Pozzi e Girardoux, infatti, gli organizzatori avevano predisposto un giro tremendo e pieno di insidie. Subito allo sparo d'avvio Pozzi scattò e Girardoux si attaccò dietro, pulendosi il naso nel didietro della maglietta dell'italiano per provocarlo.

Alle porte di Berlino avevano già nove minuti e trenta secondi sul gruppo, guidato dal tedesco Krupfen che correva vestito da vichingo. Vicino a Francoforte, Pozzi e Girardoux trovarono un passaggio a livello chiuso, ma lo sfondarono e tirarono dritto. Poco dopo giunse Krupfen che fu investito dal Milano-Brennero e finì in un vagone di emigranti italiani, dove conobbe una napoletana che sposò e con cui mise su una pizzeria tipica ad Amburgo. Nel gruppo, italiani e francesi cominciarono subito a tirarsi degli schiaffi: a Dusseldorf Pozzi vinse il traguardo volante. I due attaccarono i Carpazi: Girardoux mise su un $54 \times 452$, cioè un rapporto con cui faceva duecento metri a pedalata; Pozzi mise su un $56 \times 462$, da duecentocinquanta metri al colpo. Girardoux mise su uno 0,8 alla francese, per cui ogni pedalata corrispondeva a un giro completo turistico di Pigalle. Pozzi mise su un 48 liscio, cioè un motorino della Morini.

A quota 3450 metri cominciò a nevicare, e due fulmini colpirono il manubrio di Pozzi, che si fuse. Pozzi proseguì senza mani, ma Girardoux lo staccò subito di sei secondi. A 5800 metri la strada franò, ma il francese senza esitare si arrampicò sul ghiacciaio. A 7000 metri c'erano sei metri di neve, ma Girardoux continuò a salire benché il freddo fosse ormai insopportabile. Pozzi strozzò due lupi e si fece un tre quarti e un colbacco, ma mentre stava per raggiungere il rivale precipitò in un crepaccio pieno di bicchieri di carta e tovagliolini di picnic usati.

Girardoux ridendo beffardamente arrivò in cima alla montagna e si buttò giù da ottomila metri con la bicicletta, arrivando leggero come una piuma sulla punta dei piedi. Ma nell'ebbrezza del trionfo si era sbagliato e si era buttato giù dal versante russo invece che da quello bulgaro, e quindi dovette tornare su e rifare tutto il giro. Intanto arrivò Borzignon e trovò Pozzi che, impazzito, si lanciava pedalando contro le pareti del crepaccio; Borzignon si stracciò la maglietta, ne fece una corda e tirò su Pozzi. Pozzi e Girardoux si trovarono insieme in cima e si buttarono insieme: ma Girardoux era più pesante e vinse per un secondo. Terzo arrivò Borzignon in mutande. Quarto doveva arrivare il francese Pellier, che però sbagliò il salto e si schiantò sul tetto di una funivia. A tre ore e ventisei minuti arrivò una valanga di neve: dentro c'era il gruppo con quarantatré corridori, un orso e tre maestri di sci.

Quella notte nel clan francese ci fu una grande festa, e Girardoux offrì champagne a tutti. I giornali francesi uscirono in edizione straordinaria e Girardoux fu chiamato «La bestia umana» «Lo stambecco dell'Artois» «Il fulmine della montagna» «La ruspa transalpina» «L'anatrona dei Pirenei». Pozzi invece andò a letto senza lavarsi i denti, meditando furibondo la vendetta.

La mattina dopo ci fu la seconda tappa, detta «il diagonalone», seimilatrecento chilometri d'autostrada da Lisbona a Leningrado. Il gruppo rimase compatto fino ai milletrecento chilometri: poi, all'autogrill Pavesi, Borzignon chiese di poter andare un po' avanti per salutare i suoi a Cattolica. Pozzi e Girardoux diedero il permesso e Borzignon partì come un ossesso. Pochi minuti dopo nel gruppo cominciò a circolare la voce che Borzignon era di Pordenone. Pozzi urlò «Traditore!» e si lanciò all'inseguimento. Borzignon aveva già due ore e mezzo di vantaggio, ma in poche pedalate fu ripreso: venne ammonito e picchiato.

Allora Girardoux cominciò a fare una gara tattica. Disse: «Beh, io vado a fare un giretto», e uscì a Rimini nord. Pozzi, preoccupatissimo, gli si pose alle calcagna. Girardoux, tranquillissimo, comprò un gelato e si mise a passeggiare sul lungomare. Pozzi e tre gregari lo seguirono pedalando sulla spiaggia. Poi Girardoux fece il bagno in moscone. Nel clan italiano tutti erano molto preoccupati per la mossa del francese. Girardoux fece sei partite a flipper, comprò alcune cartoline e andò a vedere i delfini. Uno dei Panozzo lo seguì strisciando sul bordo della piscina, un delfino saltò e ne fece un boccone. Alle otto e mezzo di sera il gruppo era a settecento chilometri di distanza, ma Girardoux non dava segni di impazienza. Pozzi invece era nervosissimo e ogni tanto sbuffava aprendo larghe voragini sulla strada. Alle dieci Girardoux si presentò al Mocambo e invitò a ballare una tedesca. Pozzi, nascosto dietro una palma, lo sorvegliava. Ballarono a lungo, poi Girardoux tentò uno stricco e prese una sberla. Allora invitò un'altra tedesca. Ballarono fino a mezzanotte. Il gruppo intanto era a trenta chilometri dal traguardo. A mezzanotte e mezzo Girardoux e la tedesca cominciarono a fare i gustini e Borzignon mugolò eccitatissimo. All'una i due uscirono teneramente allacciati e si diressero verso l'albergo Mareverde. Pozzi li seguì e li vide entrare in camera mentre a Lisbona il gruppo entrava sulla dirittura d'arrivo. Girardoux si levò la maglietta e il berrettino: poi, mentre la tedesca andava in bagno, si tolse i pantaloni: si guardò un momento intorno e fulmineo trasse di tasca una bicicletta e partì come un fulmine dalla finestra. Pozzi urlò «Maledetto!», e si lanciò all'inseguimento.

In pochi secondi, testa a testa, percorsero gli ottocento chilometri d'autostrada lasciando dietro di sé un sibilo acutissimo e un forte odore di polvere da sparo, e piombarono sul gruppo a duecento metri dall'arrivo. A questo punto nello stomaco di Girardoux il grande sforzo e il gelato riminese diedero luogo a una improvvisa reazione chimica; dalla bocca del francese uscì una colonna di fumo alta trentanove metri profumata al pistacchio, ed egli impallidì e si fermò a vomitare a due metri dal traguardo:

Pozzi vinse con due secondi di vantaggio, e prese la maglia rosa. Girardoux crollò di schianto tagliando il traguardo con la lingua, che si era gonfiata fino a raggiungere le dimensioni di un materasso.

Quella notte nel clan italiano ci fu una gran festa, e Pozzi offrì champagne a tutti. I giornali francesi uscirono in edizione straordinaria e Pozzi fu chiamato «L'aquila delle pianure», «Il falco da casello a casello», «L'angelo delle autostrade» e «L'esperta pantera». Nel clan francese ci furono quattro suicidi e due casi di asiatica. Il vecchio meccanico Rougeon, di ottantasette anni, che da ottantadue anni montava le biciclette della équipe transalpina, si avvicinò a Girardoux col viso stanco e rugoso solcato da grosse lacrime, e con la voce tremante per la commozione gli mise una mano sulla spalla, disse «Oh, Girou», e gli piantò un cacciavite multiplo tra gli occhi.

Il vecchio patron Biroux radunò il suo staff e fu studiato un piano diabolico per la notte. Si sapeva che Pozzi era molto morigerato, ma che sotto sotto gli piacevano moltissimo due cose: le donne strabiche e i rusticani acerbi. Durante la notte sarebbe stata mandata nella camera di Pozzi una ballerina delle Folies Bergère, la famosa Isabelle la Strabique, con un canestro di rusticani. Pozzi sarebbe senz'altro stato stroncato dall'amore e da una colica. Il piano fu senz'altro approvato. Venne chiamata Isabelle la Strabique, che era una bellissima donna dai capelli rossi, figlia di una zingara polacca e di un concessionario Alfa Romeo di Mâcon. Era tanto strabica che la pallina nera, dall'occhio destro, si era spostata nel globo sinistro, e viceversa, cosicché aveva gli occhi perfettamente normali. Ma Pozzi, che era un intenditore, non si sarebbe fatto certamente ingannare dalle apparenze. Isabelle venne davanti al patron, fece una bellissima danza zingara e chiese cosa si voleva da lei. Il patron glielo spiegò e Isabelle disse che lo avrebbe fatto volentieri per la Francia e per sei milioni. Nel dire ciò, spostò la pallina nera dal destro al sinistro e viceversa. Infatti quando parlava di soldi aveva spesso di questi strani fenomeni. Talvolta tutte e due le pupille finivano nello stesso occhio e sull'altro non restava che il bianco, oppure compariva una pubblicità della soda Perrier.

Il gregario Barzac andò a rubare un canestro di rusticani acerbissimi da un contadino che lo impallinò a sale. Isabelle partì, vestita da contadinella col canestrino, e Girardoux tutto soddisfatto tornò nella sua camera.

Ma, sorpresa delle sorprese, il clan italiano non era rimasto con le mani in mano, e nella camera Girardoux trovò una negra con la testa a pera e un cesto di bomboloni, le uniche due cose a cui non sapeva resistere. E subito si diede a un'orgia sfrenata. I compagni sentirono un rumore infernale provenire dalla camera del campione, ma pensarono che fosse un attacco di pavus nocturnus, a cui egli era soggetto, e si addormentarono.

Intanto Isabelle si palesò davanti alla camera di Pozzi, dove stavano di guardia Borzignon e Panozzo, e li stroncò con due colpi di kung-fu, di cui era esperta. Indi si presentò in tutta la sua bellezza a Pozzi, che stava dormendo abbracciato a un orsacchiotto di pezza alto due metri, che era il suo giocattolo preferito fin dalla tenera infanzia. Pozzi si svegliò e i suoi occhi ebbero un bagliore: si avventò sui rusticani e solo sei ore dopo, sazio, si abbandonò sul letto fumando una sigaretta.

La mattina dopo Girardoux si presentò alla partenza coperto di crema fino alla testa, e con le narici completamente otturate dallo zucchero. Pozzi invece fu legato alla bicicletta con quattro tiranti perché non stava nemmeno in piedi per i dolori alla pancia. La tappa era di tremila chilometri, e comprendeva tra l'altro la Maiella, le Ande, il Mac Kinley, il ghiacciaio dello Jungfrau, l'attraversamento del Gobi e un esame di cultura generale.

Pozzi e Girardoux ai mille chilometri avevano sei giorni di svantaggio: ai duemila un mese e mezzo. Borzignon arrivò a New York primo, salutato da dieci milioni di persone entusiaste, vinse la tappa e il giro.

Pozzi e Girardoux non arrivarono quell'anno, né quello dopo. Il terzo anno il cronometrista disse: «Vado a dire a casa che tardo», e sparì. I giornali ne parlarono per un po'. Qualcuno disse che i due avevano sbagliato strada, ed erano precipitati in un burrone vicino a Mosca. Altri ancora che avevano messo su una discoteca sulle montagne Abruzzesi ed erano falliti. Altri dissero che Pozzi era fuggito in America e viveva nelle fogne dove aveva fondato una setta segreta Voodo, e due portoricani asserirono di averlo visto apparire, invecchiato e con una lunga barba, da un water di Manhattan. Girardoux invece aveva cambiato sesso a Casablanca ed era diventato una santa. Dopo qualche anno, però, nessuno si ricordò più di loro.

Solo il vecchio meccanico di Girardoux, Rougeon, aspettò seduto sul bordo della strada altri nove anni il suo pupillo col cacciavite multiplo in mano, mirabile esempio di fedeltà. Dieci anni fa su quel punto della strada fu costruito un palazzo residenziale di nove piani. Dopo lunghe consultazioni, si decise di lasciare Rougeon al suo posto, e infatti, fino a tre anni fa, chi voleva vedere il meccanico di Girardoux, poteva andare al pianterreno del palazzo dove, protetto da una griglia di vetro, c'erano tre metri quadrati della vecchia strada e Rougeon seduto su un pilastrino. Finché, appunto tre anni fa, una mattina alle 8,30 Rougeon disse: «Beh, adesso mi sono rotto i coglioni», si alzò e se ne andò. Appena fuori dal palazzo finì sotto un autobus. Aveva centoquattordici anni.

Uomini così non ce ne sono più. E neanche come Pozzi e Girardoux. Dio sa dove sono.

# Il cinema Sagittario

Quando al bar Sport non si discute di campioni, sfide, amori, cappuccini, centravanti, sbronze, trasferte, sesso e meringhe, si parla dei programmi del cinema Sagittario.

La prima volta che misi piede al cinema Sagittario fu per un fughino da scuola. Quel giorno c'era interrogazione di greco, ed ero indeciso sulla scusa da trovare. Avevo pensato di mettere in scena uno «Scusi, posso uscire, ho il sangue al naso», ma all'entrata della scuola vidi Frazzoni e Baldi con due fazzoletti che sembravano le bende di un garibaldino. «Se vuoi del sangue, è rimasto un po' di coniglio in macchina», mi disse Frazzoni. Allora pensai a una scusa commovente. Ma Paglioli si avvicinò minaccioso e disse: «Oggi la nonna in coma ce l'ho io», e cominciò a sbucciare una cipolla per la frizione. Rompermi un braccio? Ma Lodi già entrava con la testa fasciata e due stampelle, con dietro Guidi ingessato fino al collo. Mi sentii perduto. Armaroli, Biondi, Cartoni, Deganutti, Dursi, Piombo, Sardoni, Selleri e Zacca erano assenti. Nonni aveva la giustificazione del babbo; Mazzanti era stato malato sette mesi prima e si doveva mettere in pari. De' Lorenzi e Poluzzi, i primi della classe, erano già stati interrogati sedici volte a testa. Gibboni sarebbe svenuto e Brioli avrebbe avuto una crisi epilettica. Restavo solo io.

Mentre tremavo all'ingresso della scuola, arrivò Mulone. Mulone era alto un metro e novanta, con baffi da mafioso e una bella coltura di brufoli. Noi lo ammiravamo moltissimo perché aveva già ripetuto sei volte la terza e perché inventava delle storie erotiche bellissime che finivano quasi sempre con: «Allora sapete io cosa ci ho detto?». Mulone entrò in Motom nel corridoio e disse: «Com'è la situazione?». Io gli spiegai che la situazione era grave, che tutti avevano degli alibi di ferro, e che sicuramente nell'ora di greco saremmo andati sotto io e lui. «Ah» fece Mulone, «e tu sei preparato?» «No» dissi io, «e tu?» «Neanch'io. Ieri non ho potuto studiare. È venuta da me una sposa.» «Ah» feci io. In quel momento apparve nel portico la figura del prof di greco, con barba lunga, cappello calcato e gambe divaricate. «Oh dio» dissi, «lo vedo brutto. Ancora le emorroidi.»

E così mi ritrovai sul parafango del Motom di Mulone lanciato in fuga precipitosa. Mulone guidava con assoluta perizia e padronanza, passando con disinvoltura dalla strada ai marciapiedi e quindi agli atri delle case senza fermarsi un momento. Solo in via Fondazza mi diede una gomitata in bocca per farmi cadere. «C'è un vigile» spiegò. E ci trovammo in breve davanti al Sagittario, cinema terza visione, lire duecento, dove era in cartellone *Cheng, la furia dell'Oriente*, vietato minori diciotto. «Non posso entrare» dissi io. Ma Mulone mi tirò dentro.

Sopra la cassa c'erano delle scritte luminose dove era scritto: *Primo tempo. Secondo tempo. Intervallo. Attualità. Casino generale.* «A che ora comincia il casino generale?» chiese Mulone. «Tra dieci minuti» disse la cassiera, una mora con sorriso a lingotti e macigni di rimmel in bilico sulle ciglia. Era seduta su una pila di Topolini e leggeva seria, masticando uno stufilone di liquerizia, con lo sguardo della mucca quando passa il treno. «Due Enal ridotti invalidi civili» sparò Mulone. «Tua nonna» disse la cassiera, «fa' vedere l'Enal.» «Mi vergogno» disse Mulone. «Poco spirito, eh, cinno. E poi voi non avete diciotto anni.» «Io ne ho ventuno e lui è in classe con me» disse Mulone, e mi cacciò una nazionale in bocca. La cassiera mi guardò con attenzione e staccò due biglietti. Io aspirai la nazionale e divenni subito del colore di un divo del muto. Mulone mi portò di peso davanti alla maschera, che stracciò i biglietti e rimase invischiata in un filo di gomma americana attaccata perfidamente da Mulone ai biglietti stessi.

L'interno del Sagittario era come il vagone di

un treno, lungo e stretto. La platea era coperta da un nuvolone nero di fumo di sigaretta e toscano; ogni tanto brontolava il tuono. Nelle prime file c'erano fantesche e soldati. Una fantesca s'era portata un mastello di piselli da sbucciare e i soldati le davano una mano e spesso anche due. Davanti c'era un vecchissimo pederasta, ormai in disuso, che da sette anni offriva ai bambini la stessa caramella al limone ormai muffa. Nella sua fila c'erano due pederasti giovani e brillanti, profumati come un negozio di fioraio. Avevano i piedi prensili e si divertivano ad afferrare per le caviglie quelli che passavano per prender posto nella fila. In terza fila c'era un uomo enorme, con un cappello che oscurava lo schermo per cinque posti. L'uomo dormiva e russava. Se svegliato, si voltava, puntava in faccia due occhi irrigati a Barbera e sparava cazzottoni in testa. Nelle cinque sedie dietro al suo cappello, dove non si vedeva lo schermo, c'era il contrabbandiere di sigarette in cima a una pila di stecche di americane, con il registratore di cassa e il figlio che scivolava tra le file come un Sioux e sussurrava all'orecchio «Accendini?». In quarta fila c'era una marchetta vestita di rosa, con una faccia come Charles Bronson, che piangeva all'attualità, piangeva alla pubblicità, piangeva al prossimamente su questo schermo e piangeva ininterrottamente per tutto il film, con ululati e soffiate di naso oceaniche. Qualsiasi cosa accadesse sullo schermo scatenava la sua commozione. Rideva solo quando vedeva un'impiccagione o un film di Totò. Allora cominciava a ridere da in fondo alla strada. Rideva mezz'ora guardando il cartellone: si scompisciava facendo il biglietto, rovesciando la borsetta nell'atrio, inondava la cassa di monete da cento lire e di preservativi usati. Poi dava una gran pacca alla maschera, e appena seduta, cominciava a fare acrobazie sulla poltrona, ridendo con le gambe in aria, e allacciate al collo dello spettatore davanti, fino a rotolare tra le convulsioni in fondo alla fila. La sua risata potentissima impediva di capire le battute del film: ma se qualcuno cercava di ridurla al silenzio lei si levava la parrucca, che era un malloppo di capelli e spaghi grande come un orso, e con quella lo schiaffeggiava fino a stordirlo. Poiché si pisciava anche addosso, portava dietro anche un pitale, e nell'intervallo si poteva sentire un rumore di cascatella e la sua voce affannata che diceva «Oh dio dio dio dio non ne posso più».

Nelle file in fondo c'erano due amanti, Athos il re dei carburatori, che aveva il garage di fronte, e la Nella, moglie del fratello di Athos, Anselmo detto Graffiasoffitti perché, a parer di tutti, aveva delle corna da non star in una stanza. Athos e la Nella aspettavano le scene d'amore e appena sullo schermo l'attrice e l'attore cominciavano a mugolare allacciati in un bacio, sperando di mimetizzarsi cominciavano a mugolare anche loro. Ma dato che Clark Gable non avrebbe mai avuto il visto della censura se avesse detto le cose che si sentivano in sala, dopo pochi secondi le teste di tutti si spostavano dallo schermo alla fila in fondo, e alla fine c'era sempre un applauso clamoroso. La Nella sprofondava e Athos, disinvolto, ringraziava con un inchino.

In fondo a destra c'erano due vecchietti con basco, che si presentavano alle otto e mezzo di mattina con un gavettone di lesso, e prendevan su sei spettacoli per quattordici ore di proiezione. Se il film era noioso, dormivano testa contro testa, svegliandosi solo per il documentario che a loro piaceva moltissimo. Il più vecchio diceva commosso che aveva già visto centotrenta volte *Il lago dei castori*.

Nella fila a destra, nascosto dietro un pilone, c'era il Topo Tiratore, con un caricatore di elastici e palline di pane, fagioloni al sugo, piombini da pescatore, nocciole e ceci mummificati. Era un piccolotto riccio con la faccia da lepre. Il Topo Tiratore colpiva nel buio a ogni angolo della sala, con assoluta precisione, proprio sotto l'orecchio. Si sentiva lo zing dell'elastico, poi un colpo secco e una bestemmia. Il Topo Tiratore aveva come bersagli preferiti i signori pelati e l'uomo dei gelati. L'uomo dei gelati girava con un elmetto tedesco in testa per proteggersi. Inutile. Invariabilmente, quando qualcuno gli chiedeva se avesse un'aranciata, si sentiva rispondere «Dio Faust», perché intanto era arrivata la botta del Topo Tiratore. Una volta l'uomo dei gelati perse la pazienza perché il Topo Tiratore, nello stesso giorno, gli aveva bollato un occhio con un cuscinetto a sfera e decapitato con un piombino un mottarello pronto alla consegna. Allora tirò in aria la cassetta e inseguì il Topo Tiratore tra le file per ucciderlo, ma incidentalmente pestò un piede all'uomo col cappello che lo mise in conto al Sant'Orsola per giorni quaranta salvo complicazioni. Il giorno che tornò l'uomo dei gelati chiese di essere assegnato alla galleria. Era un atto coraggioso: da diversi anni nessuna persona sensata metteva piede nella galleria del Sagittario. Era come la valle maledetta dei film, quando il portatore negro dice «Zambo non venire più con voi. Zambo paura. Se buana andare, buana morire. Valle piena di spiriti maligni. Zambo torna indietro» e sgamba nella giungla. Così, se uno chiedeva un biglietto di galleria, la cassiera sbarrava gli occhi e diceva «Non vada, non glielo consiglio signore». Una volta un questurino volle salire per forza, e sparì nel nulla alla fine del primo tempo. Trovarono solo il cappello nella toilette. Noi conoscevamo la galleria maledetta solo attraverso gli sputi che piovevano sulle ultime file di platea, nelle quali infatti si andava solo con l'ombrello. Ogni tanto si sentivano urli e risate, cadevano oggetti strani, come busti da donna, scarpe e cavoli cappucci, e balenavano le fiamme di un incendio. Insomma, l'uomo dei gelati si avventurò in galleria una mattina, forando il nuvolone di fumo, armato di coltello e pistola. Appena su, lo sentimmo gridare «Gelatiiii», e subito volò giù con un fagiolo gigante in mezzo alla fronte. Allora l'uomo dei gelati tirò via la cassetta e si arruolò in Marina.

Quel giorno con Mulone, mi ricordo, c'era poca gente in platea. S'era sparsa la voce di una rissa al cesso, e tutti erano andati a vedere. Si spensero le luci e si palesò il leone della Metro, che ruggì e fu subito oscurato da un rutto belluino dal fondo della sala. Apparve un prossimamente su questo schermo con Godzilla. Godzilla era un beniamino del Sagittario, e fu salutato con scroscianti applausi. Si presentò con un pezzo di Torre Eiffel tra i denti e una voce urlò: «Le mani davanti alla bocca!». Poi saltò il volume, e si fermò la pellicola. L'operatore sgusciò dalla cabina, uscì, e rientrò un minuto dopo con un fiasco di vino urlando «Prooontiii?». Si riprese con un pezzo di documentario su Tarquinia necropoli etrusca, ma tre persone si alzarono, entrarono in cabina di proiezione e lo diffidarono dal proseguire. Ebbe così inizio *Cheng, la furia dell'Oriente*.

# Il playboy da bar

Per prima cosa bisogna tener presente che non lo troverete tutte le sere: il playboy va al bar una sera sì e una sera no. Questo per il fatto che deve raccontare agli amici, il venerdì sera, l'avventura del giovedì sera, e così via. Uno dei momenti più drammatici per il playboy è quando entra nel bar e dice «Ragazzi, adesso vi racconto cosa mi è successo ieri sera al Flamengo di Modena» e si sente dire: «Ma se ieri sera eri qui a vedere la partita!». Allora il playboy consulta il calendario e scopre di aver sbagliato di un giorno, e per salvare la faccia deve correggersi: «Volevo dire stamattina al Flamengo di Modena», e insiste per convincere tutti che a Modena è di moda dare party a base di cappuccini dalle otto a mezzogiorno.

Un playboy astuto, comunque, non incorre in questi errori. Resta chiuso in casa il giorno prima, oppure va al cinema con una barba finta a Firenze, e la sera dopo si spettina, si passa un sughero bruciato sotto gli occhi entra nel bar e crolla su una sedia. «Ragazzo, un Vov» chiama, e comincia a raccontare.

È naturale che quasi sempre il playboy da bar racconti delle balle. Ma se riesce a raccontarle con stile, avrà ugualmente l'approvazione di tutti. Molto spesso il playboy si autosuggestiona a tal punto, che resta invischiato nel suo racconto fino alle estreme conseguenze: i manicomi sono pieni di playboy impazziti in questo modo. Capita anche talvolta che il playboy vada veramente a donne: allora il discorso si fa molto più interessante. Diamo di seguito un esempio di una serata di playboy da bar così com'è realmente avvenuta, e come è stata poi raccontata.

*I fatti*: Alle 9 di sera piove che Dio la manda. Il playboy Renzo, del bar Antonio, si trova con due fratelli napoletani benzinai dell'Agip, i Di Bella, e con Formaggino, fattorino del salumiere. Si decide di salire sulla Giulietta sprint gialla dei Di Bella e di puntare verso il Tico-Tico di Castel San Pietro. I quattro dispongono in totale di lire quattromilacinquecento, Marlboro in numero di dieci e un terzo del serbatoio di benzina. Si parte stretti come acciughe in un concerto di peti orrendi, nei quali si distingue il maggiore dei Di Bella che prima di ogni flatulenza urla «Sentite questa!». Si va ai quaranta per risparmiare benzina e perché il tergicristallo non funziona. Si arriva al Tico-Tico a mezzanotte.

*Versione di Renzo:* Eravamo in piscina, che si parlava del più e del meno. C'ero io, i fratelli Di Bella, ramo petroli, e Formaggino, che ha una ditta di trasporti alimentari. Parlavamo di St. Tropez, che è diventata un carnaio, e non ci si può più andare. Allora, fa Di Bella junior, perché non si fa una puntata a Château-St. Peter, dove c'è un localino nuovo? Perché no, diciamo noi, e saliamo sul coupé dei Di Bella, che fa i duecento in terza. Dentro c'era un impianto stereo, con mangianastri, che non ce l'ha neanche la Rai. Di Bella senior ogni tanto faceva: «Sentite questa» e metteva su delle canzoni bellissime, tutte cose di prima, modernissime, inglesi; insomma, in dieci minuti alla media dei 240 siamo davanti al Tico-Tico.

*I fatti*: Il biglietto del Tico-Tico costa millecinquecento lire. I quattro si palesano all'entrata e Renzo dice: «Sono amico del batterista». La maschera risponde: «E chi se ne frega». Di Bella junior dice: «Entriamo un momento a vedere se c'è mia mamma, sono rimasto senza chiavi di casa». La maschera non becca. Allora si acquistano tre biglietti.

«Ma voi siete in quattro» dice la maschera. «Il bimbo non paga» fanno i Di Bella, e indicano Formaggino. «Quanti anni hai?» chiede la maschera. «Sei» risponde Formaggino. «Ma ha la barba» dice la maschera. «Non è barba, è muffa. È molto malato» replica pronto Di Bella sr. La maschera è interdetta. Allora Formaggino sfodera un numero da maestro: si mette a piangere e si piscia addosso davanti alla cassa. La maschera, convinta, sta già staccando il biglietto, quando passa una bionda modello Benetti con minishorts rossi e calza nera. Formaggino la avvicina e la tasta a due mani per quindici secondi. La maschera lo caccia via. Formaggino sale sul tetto di una macchina, si arrampica su un albero, scavalca un muro e si ritrova nel cortile della caserma dei carabinieri. Ha sbagliato direzione. Riesce a entrare solo all'una e mezzo sfondando una siepe a testate.

*Versione:* Appena davanti al Tico-Tico il maître mi fa: «Ma lei non è Renzo il playboy?». «Così si dice» dico io. Allora ci fa entrare tutti gratis, meno Formaggino perché non aveva lo smoking. Sapete come sono in certi posti. Allora Formaggino sale in macchina, e in venti minuti è andato e tornato, e si presenta in smoking al nostro tavolo.

*I fatti:* Naturalmente non c'è posto a sedere. I quattro vengono sistemati su uno strapuntino con la faccia contro il muro. Di Bella jr. è sotto la batteria, e ogni tanto prende una bacchettata in testa. Renzo accavalla le gambe e manda in aria un tavolino con quattro amarene. Poi cerca di chiamare il cameriere schioccando le dita ma non viene notato. Comincia a battere insieme due bicchieri. Niente. Sale sul tavolo e si mette a battere le mani. Niente. Allora Formaggino si alza, prende il cameriere per la giacca e mentre questi si dibatte lo trascina per terra fino al tavolo. Di Bella jr. ordina una Coca-Cola con whisky e peperonata. Di Bella sr. un gelato al fernet. Formaggino una spuma, Renzo un Daiquiri. Il cameriere gli risponde: «Non facciamo servizio di ristorante». Renzo fa: «Il Daiquiri è un cocktail». Il cameriere fa: «Alcolici sovrapprezzo di 500 lire» e Renzo ordina una Fiuggi.

*Versione:* Il maître ci porta al tavolo migliore. Io schiocco le dita e arrivano quattro camerieri. Uno mi fa: «Ma lei, non l'ho già vista allo Sporting di Montecarlo?». «Può essere» faccio io. «Ma sì, era con la principessa...» «Zitto» gli dico «per carità, non faccia sapere in giro», e lo allontano. Poi ordino quattro Daiquiri. «A che temperatura» mi chiede il barman. «Zero assoluto» dico io. E lui: «Lei sì che se ne intende».

*I fatti:* Di Bella senior va a pasturare, cioè fa un giro tra i tavoli per vedere se c'è del buono. Renzo adocchia un tavolo buio d'angolo con due donne sole. Di Bella junior si sgancia e invita a ballare quella di destra, che a centro pista si rivela una canuta sessantenne, con occhiali, alta un metro e mezzo. «Hai visto?» fa Renzo a Formaggino, «Di Bella s'è beccato la tardona, e adesso io mi becco la giovane». Si palesa al tavolo e chiede: «Balliamo?». «Sì» gli fa una voce flautata. Renzo l'accompagna per mano in pista e si ritrova a ballare con una bimba di otto anni con un enorme apparecchio nei denti. L'orchestra attacca un tango. «Cosa fai nella vita?» fa Renzo ballando tutto gobbo. «La quarta elementare.» «Ti piace il tango?» «No, vengo a ballare solo per tenere compagnia alla nonna». A questo punto Renzo viene colto da un tremendo mal di schiena, ma continua stoicamente a ballare piegato verso il basso. Il tango dura trentadue minuti. Segue una di quelle belle ciarde che finiscono con il trenino tra i tavoli. «Questo mi piace» fa la bimba, e lo spinge per vari chilometri. Poi gli fa fare anche un cancan e un charleston. Il giro chiude alle due e mezzo. Renzo torna al tavolo facendo cadere dalla fronte pere spadone di sudore, e perde conoscenza.

*Versione:* Vediamo un tavolo con due donne stupende. Di Bella ne invita una: è un'americana, un po' matura, miliardaria, molto di classe. Un superbo esemplare. Io invito l'altra. È una diciottenne, perversa, con un sorriso da cinema. «Cosa fai nella vita?» le chiedo. «L'indossatrice» mi fa. «Ti piace il tango?» «Sì» dice lei guardandomi negli occhi, «specialmente se è l'ultimo.» Capito, ragazzi! Io mi sento bollire il sangue, la abbranco e lei mi stringe così forte che con le unghie mi porta via dei quadrettoni di Galles dalla schiena. Balliamo avvinghiati per due ore: quando la riaccompagno al tavolo, mi sviene tra le braccia.

*I fatti:* Quando Renzo rinviene, vede Di Bella che è tornato dal suo giro di perlustrazione portando sette amici, naturalmente tutti uomini. Al riprendere della musica, tutti e undici schizzano come pallottole. C'è un momento di panico, con coppie che si scontrano nella corsa alla pista. Quando la confusione si dirada, sono tutti in piedi come meloni tra i tavoli della sala, meno Formaggino e Di Bella jr. che nella fretta del momento si trovano a ballare insieme. È rimasta solo una donna, piuttosto vistosa, con due braccia come polpettoni. Uno alla volta, tutti si presentano al suo tavolo e ricevono chi uno sputo, chi una scarpata, chi un bicchiere di minerale in faccia. Per ultimo si presenta Renzo, la squadra e fa: «A me non può dire di no. Io non sono come loro.» La donna lo guarda e fa: «È vero. In effetti direi che sei messo peggio», e va al gabinetto. Intanto l'orchestra attacca una mazurca e la bimba con la protesi dentaria si mette a inseguire Renzo tra i tavoli urlando: «Vieni a ballare con me!»

*Versione:* Quando torno al tavolo, Di Bella ha rimorchiato sette stangone di un balletto inglese, una più bella dell'altra. Quando attacca la musica, tutte e sette mi saltano addosso gridando: «Dance with me (balla con me), dance with me, Renzo». Ma io ho adocchiato una bruna che tutta la sera sta rifiutando inviti. Mi piacciono le conquiste difficili. «Vado a domare una tigre» dico agli amici, e parto. La affronto e dico: «Senti, tu puoi fare la difficile con gli altri, ma non con me. Guardami negli occhi.» Lei protesta, ma poi cede, mi guarda e fa: «Tu sei quello che aspettavo» e nel dir ciò si bagna un po', e insomma dice: «Aspettami, tesoro» e fa un salto nella toeletta. Intanto la diciottenne, però, comincia a inseguirmi urlando: «Non tradirmi, Renzo. Resta con me o mi ammazzo.»

*I fatti*: Renzo riesce a raggiungere il suo tavolo. Intanto i sette amici di Di Bella hanno mangiato nove panettoni e bevuto venti bottiglie di giovesello, poi se la sono squagliata lasciando tutto da pagare. Renzo viene accerchiato dai camerieri, ma riesce a fuggire arrampicandosi lungo un tralcio d'edera. Intanto la nonna della bimba ha chiamato un carabiniere dicendo che un individuo molesta la sua nipotina. I due Di Bella fuggono con le tasche piene di gelati. In strada, per fortuna, c'è Formaggino con la Giulietta già pronta a scattare. Renzo riesce a balzare dal muro del dancing sul tetto della macchina lanciata ai centoventi. Fa tutta l'autostrada sotto la neve aggrappato con le unghie alla capote: al casello d'uscita è assolutamente invisibile, coperto da una bianca coltre. Viene trovato e riaccompagnato a casa, congelato, solo tre giorni dopo, quando i Di Bella montano il portasci.

*Versione*: A questo punto me la vedo brutta. Urlo: «Champagne per tutti, soprattutto per le mie donne. Consolatevi!», butto in aria un pacco da diecimila e, mentre tutti lottano per impossessarsene, scavalco il muro con un salto, balzo al volante del coupé e in dieci minuti sono al Sestrière, dove la mattina dopo avevo un appuntamento con una svedese. Che seratina, ragazzi!

# La cotta del ragionier Nizzi

Il ragionier Nizzi s'innamorò della nuova cassiera. Era bruna, con gli occhiali e aveva un seno stupendo, a schiena di cammello, che teneva sparso sulla cassa in bella evidenza. Quando dava il resto, spesso si faceva cadere nella scollatura una monetina, e la recuperava con un risolino. Un giorno che lo fece davanti a Nizzi, il ragioniere, che in vita sua non aveva mai azzardato una battuta, disse: «Lasci signorina, faccio io che ho la mano calda». La cassiera diventò rossa e fece una risatina che atterrò la pila delle gomme americane. Nizzi si rimboccò una manica e recuperò la moneta. Poi tornò al tavolo in un lago di sudore e disse: «Sono innamorato».

Il giorno dopo arrivò con un vestito di lino bianco di quelli garantiti ingualcibili; infatti aveva le maniche come fisarmoniche, e nei pantaloni si aprivano crepacci e si innalzavano dune. Aveva anche un foulard giallo, che era poi un panno Esso per lavare i vetri, nuovo di zecca. S'era dato anche il burro cacao. La sua trasformazione fu commentata con sospetto. Quel giorno acquistò dieci gomme da masticare, dieci caffè e dieci Campari. In sostanza, passò appoggiato alla cassa quasi tutto il tempo, scambiando cinquecento lire e sorrisi radiosi. «Non ha venti lire, Nizzi?» diceva la Clara, e lui: «Per lei questo e altro», e la Clara: «Non mi farà cambiare ancora un diecimila, uh, uh, uh», e lui: «Suvvia, non sia cattiva», e la Clara: «Le devo dare duemila lire tutte in monete da cento lire», e lui: «Andrò a casa con la carriola», e la Clara: «Uh, aha, signor Nizzi, aha, uhu, ih, ahu», e quelli del bar: «Nizzi è completamente andato».

Ogni mattina Nizzi cominciò a presentarsi al bar alle sei e mezzo, e a andar via di cappuccini, tre all'ora, fino alle dieci, tanto che dopo una settimana gli cominciò a tremare una mano per via di quell'orgia di caffè. Poi verso mezzogiorno cominciava a sbronzarsi di camparino e bitter, e alle due, completamente ubriaco, andava a mangiare a casa dove la vecchia madre era spesso costretta a mettergli due dita in gola. Al pomeriggio andava a lavorare, usciva prima di nascosto, e tornava dalla sua Clara. Cominciò a acquistare biscotti inglesi, boeri, caramelle mou, lenti e, in breve, acquistò anche nove chili. Ma era sempre più felice, e la Clara sempre più bella e radiosa; continuava a far cadere manciate di spiccioli tra i seni, con sguardi che erano ormai più di una promessa. Il campanello della cassa e le risate selvagge dei due finirono con l'essere il sottofondo musicale ininterrotto del bar, e di Nizzi, sempre appoggiato, divenne ormai più familiare il sedere che la faccia.

Verso agosto, fu chiaro che presto questo gioco erotico e passionale sarebbe esploso in tutta la sua violenza. Il caldo allupava i volti, e la Clara cominciò a palesarsi con vestiti mini di raso giallo, attraverso i quali si vedevano i coniglietti disegnati sulle mutande. La particolare posizione faceva sì che i coniglietti, ad ogni movimento della Clara, si spostassero ovunque, come se ci fosse un incendio nell'allevamento. Portava anche scollature abissali, e zoccoli alti venti centimetri dai quali ogni tanto precipitava al suolo, rimbalzando sui seni e tornando immediatamente in posizione eretta. Un giorno si presentò addirittura con una parrucca bionda. Nizzi, ipnotizzato, si diresse verso la cassa e acquistò un panettone, che cominciò a stringere spasmodicamente tra le mani fino a ridurlo alle dimensioni di una normale pasta. La Clara, a quel chiarissimo invito, chinò pudica gli occhi. Ci fu un momento di grande tensione: Nizzi e la Clara si fronteggiavano, divisi solo dalla calcolatrice. Lui con due monete da cento lire in mano che, per il sudore, schizzavano qua e là come saponette. Lei con una mano sul seno, che il respiro emozionato alzava e abbassava ritmicamente, tanto che il suo viso non era visibile che in fase calante. Nizzi disse: «Voglio il resto». La Clara respirò e il seno la coprì alla vista. I clienti del bar si alzarono in piedi: tra pochi istanti, ne erano sicuri, sarebbe successo qualcosa. La Clara aprì la bocca e proprio in quel momento la porta si spalancò e si sentì una voce maschia gridare: «Paste!». E apparì Sergio, il nuovo fornaio.

Era naturalmente a petto nudo, e i peli fluttuavano in tutte le direzioni come alghe nel mare; il bel viso intelligente, con un unico sopracciglio che filava da un orecchio all'altro, splendeva di giovinezza. Arrivò fino alla cassa e posò per terra una gerla di tre quintali di pane: nel far ciò il muscolo del suo braccio destro si impennò come un delfino e andò a posarsi sulla cassa, proprio sotto gli occhi della Clara, che non poté che commentare «Occmel!».

«Vi ho portato lo sfilatino toscano, quello vero, bella bruna» egli cominciò a stornellare con una mano sul cuore, mentre Nizzi impallidiva. Poi si avvicinò a Clara e fece una verticale sulla macchina espresso. La Clara diventò rossa e per l'emozione si dette la cipria con un krapfen. Nizzi crollò a sedere. Il fornaio uscì, accompagnato dallo sguardo adorante della Clara. Nizzi si avvicinò al banco e chiese un doppio cognac. La Clara lo guardò freddamente e fece: «Mi dispiace, ma non ho diecimila lire da cambiare. Senta dal salumiere».

Il sogno d'amore di Nizzi si era spezzato. Il poveretto tentò il suicidio andando in trasferta a Roma e gridando «abbasso la Lazio» per novanta minuti. Guarì in sessanta giorni. La Clara e il fornaio si sposarono e Nizzi, sportivamente, regalò una pentola a pressione.

# Pasquale il barbiere

Pasquale è molto più di un barbiere. È un amico, un fratello, un maestro. La sua voce soave tratta con competenza i più svariati argomenti, mentre le mani agili danzano sul tuo coppino con un paso doble di forbici o una rumba di macchinetta. Tutti sprofondano nella sua poltrona come nell'utero materno, facendosi cullare dai suoi massaggi, dalle musiche celestiali della sua radio, dai profumi di paradiso che avvolgono l'aria. Anche Girotti, il macellaio, che ha sempre la faccia di quando sta per tranciare un osso duro col coltellaccio, sulla sedia di Pasquale si sbraga come un eunuco, si fa mettere i fiocchetti di cotone nel collo, si fa spalmare di creme orientali e vuole l'antiforfora all'uovo. Pasquale gli gira attorno con grazia, gli mette uno sotto l'altro in mano dei calendarietti intrisi di sapone odoroso con donnine mascherate e seminude, e Girotti si agita sulla sedia e dice «Che roba» e mette tutto in tasca. Pasquale gli parla della produzione argentina di manzi, gli fornisce gli ultimi dati statistici, e finiscono quasi sempre per decantare insieme le virtù del roastbeef, di cui esistono molti tipi. Girotti entra come una bestia, barba lunga, capelli da carcerato, e esce con una scodellina di capelli neri lucidi, basette ricamate, e due guance come due chiappe. «Sembro proprio un film americano» dice Girotti.

Anche l'avvocato Braga mette il collo di avvoltoio nelle mani di Pasquale, e di nessun altro. Ha solo sei capelli: quattro corti e due lunghi. Ma Pasquale tira, liscia, riporta, asporta, allunga i peli delle orecchie, insomma, riesce a coprire tutta la sommità del cranio di Braga di uno strato capelluto. Per far ciò deve stirare i capelli uno per uno alle dimensioni di una tagliatella. Mentre lavora, intrattiene Braga sulla situazione di governo. Braga è DC, con paurosi sbandamenti fascisti quando gli affari vanno male, e Pasquale frizionando annuisce: «Sì, avvocato, tutti in galera bisognerebbe metterli... Sì, avvocato, tenga su la testa. Brucia l'acqua? Il fatto è che non c'è voglia di lavorare... Ci vorrebbe un bel repulisti. Shampoo?»

Il ragionier Bacci è la creatura preferita di Pasquale. È piccolo e molto brutto, e perennemente affamato di donne. Da anni corteggia con insistenza tutte le segretarie dell'ufficio, invitandole alla pallacanestro. Per sembrare più alto porta un paio di mocassini sovrastanti un'impalcatura di legno e vetroresina uso tacco, che lo alza di otto centimetri, ma lo costringono a camminare bilanciandosi con le braccia aperte come gli equilibristi sul filo, il che non gli dà un'aria disinvolta. Porta camicie sciancrate che si sbragano con rumori laceranti ogni volta che si china, e cravatte con nodi delle dimensioni di un bambino. Ma il suo dramma è la testa: ha infatti un corno oleoso di capelli che scende sulla fronte, quantità industriali di forfora, e un buco vuoto alla sommità del cranio, in cui nei periodi di brutto tempo si forma una pozzanghera. E lui sogna capelli gonfi, vaporosi, lunghi sulle orecchie e con due belle basette. Pasquale compie su di lui un vero capolavoro: mentre parla di moda, di cavalli, di dermoprofilassi e di zen, lo anestetizza con un cocktail di sei frizioni, e poi, mentre dorme, lo passa flambé col phon. I capelli di Bacci vampeggiano in tutte le direzioni, e Pasquale li forgia, li spunta e tira, e fissa e bolle e cuce e arrotola in una gran nube di vapore dolciastro che il gioco degli specchi trasforma in una visione infernale. Poi racchiude il tutto in una retina chiusa col lucchetto, e sveglia Bacci con uno schiaffo. Lo copre tutto di schiuma da barba come papà Natale e lo rade con cura, anche se Bacci non ha un pelo che è un pelo, ma Pasquale è psicologo, non è Pasquale per niente. Alla fine apre la retina e, fatto meraviglioso, sulla testa di Bacci appare una fluente capigliatura vaporosa, liscia come un biliardo e larga un metro sull'asse delle orecchie, un castello d'ebano che manda riflessi abbacinanti. Bacci si tocca un po', come per credere ai suoi occhi, e molla diecimila lire con duemila lire di mancia. Appena uscito dal negozio, fa un saltino e si mette il cappello. Si sente subito il sibilo di un canotto che si sgonfia, e il cappello scende lentamente dalla cima del castello fino a posarsi sulla testa, mentre il taglio alla Pasquale cede miseramente. Dopo due passi la banana di capelli umidicci cala sull'occhio di Bacci, i capelli sulle orecchie si ritirano come vermi nella terra e dalla testa di Bacci comincia a fioccare, lenta lenta come neve, una tormenta di forfora che imbianca il marciapiede.

# Comparse

Questi altri personaggi si notano meno, ma non mancano mai in un bar serio.

*Il benzinaio*

È un benzinaio molto grasso, in tuta. Beve caffè, molto caffè, dalle dieci alle dodici tazze, e sta al bancone in media un'ora. Ride sovente. La particolarità di questo personaggio è che, se voi prendete la macchina e fate il giro di tutti i distributori di benzina dell'isolato, non ne troverete alcuna traccia. Le spiegazioni possibili sono tre:

1. Il benzinaio ama attraversare tutta la città a piedi per venire nel vostro bar, e ha il suo distributore in autostrada, venti chilometri a nord.

2. Il benzinaio è un avvocato feticista che riesce ad avere rapporti sessuali con la moglie solo se si mette una tuta rossa.

3. Il benzinaio è un fantasma.

Un curioso, per accertarsene, toccò una volta un benzinaio per vedere se era vero, e ci vollero tre persone per staccarlo dal muro: i benzinai hanno un grande senso del pudore.

## Il carabiniere

Il carabiniere beve anche lui caffè, spesso corretto. Al suo apparire nel bar, tutti ammutoliscono o scompaiono nel gabinetto. Tanto può un generico senso di colpa. Talvolta il carabiniere entra nella discussione calcistica con grossi sfondoni che nessuno gli corregge per paura della divisa. Se nel bar si gioca a carte, tutti nascondono le carte e cominciano a guardarsi ai quattro lati del tavolo come idioti. Talvolta qualcuno attacca un coro di montagna.

## Il pazzo del giroscopio

Questo signore compare normalmente verso le nove e mezzo di sera. Porta un paio di grossi occhiali. Entra con fare colpevole e cerca il giroscopio del cinema. Trovatolo, vi appoggia la testa contro e comincia a fare facce disgustate e piccoli rumori. Normalmente passa in rassegna l'elenco cinque volte. Poi dice: «Non c'è mai niente da vedere» e scappa come un ladro.

*L'ingegnere*

Due volte al giorno, nel bar, il barista mette una tazzina sul banco e declama: «Prrrronto il caffè dell'Ingegnere!». Tutti si fanno da parte lasciando libera una porzione di bancone. Momento di silenzio generale. La tazzina resta misteriosamente al suo posto. L'Ingegnere è scomparso, o più verosimilmente, c'è ma è invisibile. Il barista infatti non si preoccupa. Dopo due ore riprende il caffè, lo scalda e ve lo serve espresso.

*Le due anziane signore*

Queste signore sono sedute appartate, a un tavolino d'angolo. Hanno al collo una stola di volpi spelacchiate, che vi fissano con gli occhi di vetro sbarrati. Ai loro piedi ci sono due barboncini ottantenni, che vi fissano con gli occhi sbarrati. A volte, se le anziane signore sono molto povere, addestrano i barboncini ad arrampicarsi sul collo, e quelli stanno immobili, fingendosi pellicce. Le signore mangiano dei piccoli bignè, schizzandosi la crema in faccia, e bevono tè, ingollando anche il sacchettino perché non ci vedono. I barboncini dormono sotto il tavolo, poi di colpo si svegliano in preda a un raptus arteriosclerotico e cominciano a tremare e ringhiare come un motore che non parte, finché le signore non danno una tiratina al guinzaglio e li strafocano.

Le signore parlano di disgrazie. Si comunicano il numero di morti della settimana, le operazioni, le figlie incinte, le macchine rubate e i mariti fuggiti. Il loro tono di voce è gaio e stupito: se state a qualche metro, potete pensare che stiano parlando di ricamo; ma se vi avvicinate, sentite un ping-pong di necrologie da far rizzare i capelli in testa. Gli amici e i conoscenti delle signore, quando le vedono, scendono con una mano all'interno del cappotto in uno strano gesto di saluto.

## I gatti da bar

*Il trippone:* Gatto gigantesco, di colore scuro, che sta sempre su una sedia come un sacco di cemento. I clienti del bar lo spostano in continuazione con sforzi inauditi. Nessuno l'ha mai visto muoversi di sua iniziativa. Clamoroso il caso di un gatto di un bar di Casalecchio, detto Carnera, il quale continuò a passare da una sedia all'altra per quindici giorni, benché fosse regolarmente morto: nessuno s'era accorto della differenza.

*L'affamato:* Gatto esangue e magrissimo, con una batteria di costole in bella evidenza. Appena vede del cibo miagola con tutte le forze; mangia avanzi enormi e si strangola. Vive in tribù di venti esemplari, con a capo una vecchina baffuta.

*Lo sportivo:* È un gatto che balza su tutto

quello che si muove, vi addenta la cravatta, vi ribalta il caffè, si fa le unghie nei calzini. Persiste nell'atteggiamento anche a venti anni gatteschi, corrispondenti ai centoventi anni umani. A volte porta scarpe da tennis. Per la sua mancanza di serietà, vola spesso fuori dal bar, dove travestendosi da micino sperduto trova subito un'altra sistemazione e ricomincia a rompere.

*L'infortunato:* Questo gatto è specialista nel mettere alla prova le sue famose sette vite. Va sotto una macchina in media due volte al giorno, alla mattina e alla sera presto. Cammina ondeggiando in tutte le direzioni perché ha solo tre gambe, di cui due sciancate e la terza a metà pancia. S'azzuffa con tutti i cani, per cui è quasi privo di orecchie e di baffi, ha un occhio chiuso e l'altro balengo, e la testa pelata. La coda è lunga un centimetro, ma riesce ugualmente a farsela pestare. Mentre cammina, perde il pelo e anche altre parti. A volte questi gatti fondano delle società, in cui mettono in comune i pezzi a disposizione e li montano e smontano a piacere. Quello che va a caccia di topi prende tutte e quattro le zampe, mentre altri due restano a letto con una zampa a testa, tutti pelati perché il pelo l'ha tutto addosso un quarto gatto che aveva da fare con una gatta.

# Villa Alba

Stamattina alla casa di cura Villa Alba c'è tutto il bar Sport. Il parcheggio è pieno di motorini. Operano Schiassi Nerio, si sente dire in giro.

Passano suore piccolissime, della misura casa di cura, che è una misura standard, uno e quaranta. Le fanno a Vicenza, in un seminario con i soffitti bassi bassi. Quando sono pronte, le spediscono in scatole di cartone, come le bambole, in confezione da cinque, si straccia il cellophane ed escono dolcissime, attivissime, e col vestitone stirato.

In sala d'aspetto ci sono cinquanta persone. Il cartello "Vietato fumare" è invisibile per la nube di sigaro toscano. Passa il primario, distinto e brizzolato, col camice bianco e l'abbronzatura da primario, tonalità mogano. Dalla tasca gli penzola lo stetoscopio, lo sguardo è distaccato. In cinquanta lo circondano chiedendo notizie. Lui parla con tono basso e severo, ogni tanto nel mezzo del discorso fa tirar fuori una lingua, palpa un fegato e dà una martellata nel ginocchio ai presenti. «È una brutta ulcera» dice, «ma ce la faremo. Non so se avete presente l'ansa duodenica...» Tutti fanno di sì con la testa, come in trance.

Il primario se ne va, calamitando undici persone che a suo parere hanno bisogno di una guardatina perché hanno una faccia che non gli piace. Poco dopo escono dallo studio del primario undici rottami umani, con ricette di medicine che sembrano l'elenco del telefono di Marte.

Passa un'infermierona odorosa d'etere, con uno stock di vasi da notte. «Come sta Schiassi?» le chiedono. «È sotto anestesia» risponde. In molti si concreta l'immagine di Nerio che galleggia dentro un vaso, come un peperone. Ci si consulta. Il nonno, che ce l'ha a morte con i medici, dice che secondo lui l'hanno già ammazzato. Si scatena una casistica di operazioni fallite. C'è la vecchietta che quando sente parlare di disgrazie si illumina come una lampada e enumera le morti degli ultimi mesi. C'è Radicchio, il re della balla, che dice ho letto sul giornale, e improvvisa una storia con protagonisti un medico che lascia l'accendino nello stomaco di un paziente, e quello un mese dopo salta in aria come una bomba mangiando un'insalata di cipolle. Ravazzi il meccanico dice che una sua zia l'hanno operata di ovaie, invece era la tiroide, poi le hanno rimesso le ovaie e levato la tiroide, e poi invece si sono accorti che era la carburazione. Una signora dice che per le palpitazioni ci vuole l'infuso di ortica, Muzzi blocca al volo un medico e gli fa vedere un'afta in bocca. Arriva Bonfiglioli e fa: «Nerio è sotto ai ferri». Tutti immaginano il primario che, con un gran cappello da cuoco, punzona Nerio con un forchettone.

Un personaggio col collo sottilissimo che spunta da un pigiama gigantesco, pallido pallido e triste, transita per il corridoio e guarda i presenti con curiosità. È un lungodegente, uno di quei vecchietti in pigiama che entrano per un'ulcera, cominciano a girare per i corridoi e due mesi dopo trovano il letto occupato, perché tutti li credono morti o dimessi. Girano per i corridoi per il resto della loro vita, accompagnati dai «Come va, caro» del primario e di «Su, torni a letto che si stanca» delle infermiere. Mangiano i fiori dei vasi, di cui c'è abbondanza nelle case di cura, e dormono sul lettino di radiologia. Per distrarsi, si mettono in fila e si fanno fare un'analisi delle urine, e fanno a botte per i giornali vecchi lasciati dai visitatori. La domenica li vengono a trovare i parenti, che chiedono al primario: «Si può alzare un po'?» e li portano a girare in giardino.

Il lungodegente balza dal gruppo e strappa un «Europeo» dalle mani di Bonfiglioli, poi scappa a nascondersi.

Alle tre arriva la moglie di Nerio, dando la notizia. L'operazione è finita, ma non si sa come è andata. Il nonno le fa subito le condoglianze.

Alle cinque arriva la notizia: Nerio sta bene e lo si può vedere. L'incredibile notizia corre di bocca in bocca. Comincia la processione. All'ingresso la moglie dice «Piano che si stanca, sta smaltendo i postumi». Nerio è sul letto, con un tubo nel naso, che urla «Voglio tornare a casa, c'è il Borussia in televisione». Vengono deposti sul comodino mandarini, biscottini per lo svezzamento e una pizza. Tutti vogliono vedere il taglio, Nerio viene quasi spogliato. Nella confusione, ne approfitta per alzarsi, vestirsi, e uscire con gli altri. Nel letto vuoto si infila un lungodegente senzatetto. Il primario arriva, sorride e dice: «Caro signor Schiassi, tra una decina di giorni sarà già in piedi». Il lungodegente annuisce senza parlare e si addormenta quasi subito.

Il bar Sport sfolla.

# Notte d'estate

Quando arriva agosto, il bar si trasforma. Diventa il bar di quelli che restano in città: i freni inibitori s'allentano.

L'estate più famosa fu quella del '68. Era così caldo che i coccodrillini scappavano dalle magliette e andavano a tuffarsi nelle granite al tamarindo. Antonio, il barista, serviva inappuntabile in giacca bianca e stricchetto, ma girando dietro il bancone lo si poteva scoprire in mutande, con le gambe a mollo in un secchio d'acqua. Si bevevano litri di bibite ghiacciate, e le pance si spostavano con rumore di risacca. Nel cielo, una luna allucinante incitava alla pazzia. Ogni tanto s'alzava il grido «Andiamo a mangiare il pesce», ma nessuno aveva la forza di alzarsi dalla sedia. Fioccavano le scommesse: autoambulanze andavano e venivano caricando i vincitori delle gare di birra. Poluzzi, in canottiera e bermuda, trasbordava a servizio continuo cocomeri, dalla bancarella al bar, con una carriola. L'unico soddisfatto era il nonno da bar, che ben avvolto nella giacca di fustagno, col basco fuso dal calore che gli colava in testa come uno stracchino, diceva che quel clima gli ricordava la guerra d'Africa, e sparava ai passanti con la pipa.

Passò Pinotti, in slip e occhiali neri, dentro a un cinquecento con le portiere saldate, pieno d'acqua fino al cruscotto. «Vi piace? Lo brevetto!» disse, sgasò e si allontanò beccheggiando.

Da una finestra del quarto piano un vecchietto in pigiama calò una bottiglia con un messaggio. C'era scritto: «Aiuto. Sono andati tutti al mare e mi hanno lasciato solo. Scorte di vino esaurite. Non so aprire il frigorifero. Datemi da bere. Allego mille lire. Stop.» Spedimmo su, via canestrino, del Pinot grigio a temperatura artica, e dopo qualche minuto lo sentimmo cantare. Nel buio ululavano cani e televisori.

Passò Elvira, lire tremila, che aveva lasciato la sua trincea di via Irnerio, e mangiava un mottarello, tanto per tenersi in allenamento. Il gatto del bar miagolava disperatamente per farsi tosare. Verso le tre arrivò dall'Adriatico una folata di vento, portando con sé un delizioso odore di pizza ai funghi, alghe marce e spray solare. Tutti chiudemmo gli occhi sognando, e Antonio ci fece il rumore delle onde con lo shaker.

«Che bello» disse Cocosecco, «che atmosfera», e cominciò a declamare una poesia da spiaggia:

*È stato smarrito un bambino
con un costumino blu
risponde al nome di Pino
i genitori, o comunque gli interessati
sono pregati...*

Fu interrotto da un rombo spaventoso: sul bar piombò la pattuglia acrobatica delle zanzare di Comacchio, che si esibì in una applaudita serie di figurazioni. Al termine della «bomba», uno zanzarone con i gradi di colonnello passò tra i tavoli assaggiandoci. Giunto a Cocosecco, fece schioccare la lingua e urlò: «Questo ha il sangue dolce!». Le altre piombarono addosso al poveretto e lo riempirono di ponfi come un mandorlato. S'allontanarono sbandando e cantando canzonacce militaresche.

A questo punto Carlo il muratore, nel silenzio del Ferragosto, si portò in mezzo alla strada deserta e con le mani a imbuto intonò: «Lanzariiiiniii!».

Da porta S. Isaia, all'altro lato della città, attraversando nove chilometri di buio notturno, giunse la risposta: «Siiiiiiiii?».

«Dormiii?»

«No, ho troppo caldo» rispose Lanzarini.

«Vieni a bere qualcosa?»

«Vengo io!» gridò il vecchietto del quarto piano, e si calò dalla finestra con un lenzuolo.

«Vengo anch'io» fecero eco un centinaio di voci, tutte le luci si accesero, i catenacci scroccarono, e una marea di persone in pigiama invase la strada.

All'alba, quando il barista fece i conti, aveva in cassa dodici milioni in contanti, cambiali e fedi nuziali. Il cocomeraio, prese l'incasso e la sera stessa rilevò il 40% dell'IBM. L'Elvira, che aveva fiutato il paglione e s'era buttata in mezzo gridando «sconti comitive!», mise su una boutique e un negozio d'estetista.

Noi ci trovammo in quattro a giocare a dadi nella vasca da bagno di Gubbioli, Rapezzi svitò il Nettuno e lo portò all'ingresso della casa di Cocosecco, Grandini pisciò quattro damigianini di amarena, e il nonno sfidò il suo coetaneo del quarto piano ad andare di corsa a San Luca e ritorno.

Tornarono ai primi di settembre, ma ormai la situazione si era normalizzata e qualcuno, qualcuno di quelli che erano stati in vacanza, vedendoli sprintare in mutande si permise di dire «che generazione!». Il nonno non lo degnò di uno sguardo, e tagliò il traguardo a braccia alzate, in un gesto di trionfo.

# La lambretta

Non fu facile salire in quattro sulla lambretta di Gubbioli. Cocosecco era molto grasso: col sedere debordava di un mezzo metro abbondante dal sellino e, cosa più grave, copriva la targa. Per ovviare all'inconveniente fu necessario legarlo con due tiranti, e dipingergli sulle chiappe BO/360599. Gubbioli gli si sedette sulla pancia, ma al momento di partire si accorse che non arrivava col piede al freno. Allora Rapezzi si raggomitolò sulla pedanina con la testa sul pedale, e Gubbioli schiacciandolo dolcemente su un orecchio disse che così poteva andare. Truzzi si sedette davanti, sul parafango, come una scimmia sul banano. Il tutto era equilibrato perfettamente per cui, disse Gubbioli, non avremo problemi, perché questa è una gran lambretta.

La partenza, però, fu difficoltosa, perché il carico era di sei quintali esatti. Cocosecco spingeva con i piedi e Rapezzi con le mani, ma la lambretta non andava in moto. Gubbioli decise di partire in discesa. Dopo venti metri, la lambretta si avviò; dopo cinquanta la velocità era già sui settanta orari. Al termine della discesa i quattro si immisero nella circonvallazione a una velocità calcolabile intorno ai duecentotrenta chilometri all'ora. Alla prima curva Gubbioli urlò «Piegatevi» e Cocosecco strisciò sull'asfalto con rumore di cotoletta che frigge. Al semaforo, malgrado Gubbioli premesse come un pazzo la testa di Rapezzi, la lambretta continuò ad acquistare velocità e si fermò prima del rosso, ma tre semafori dopo.

Poi le cose andarono meglio: la lambretta partì adagissimo. Ci mise venti minuti ad arrivare da un capo all'altro delle strisce pedonali. Cocosecco cominciò a dar segni di stanchezza e disse che gli faceva male il battistrada. Truzzi continuava a prendere in faccia quantità industriali di moscerini, ma tenne duro stoicamente finché in un rettilineo non gli arrivò in faccia un burdigone da un etto. Si era appena ripreso quando vide venirgli incontro, a un metro da terra, una farfalla con la scritta "Autoscuola Zanini" sulle ali, che sbandava vistosamente. La schivò sporgendosi a destra ma, così facendo, prese sulla faccia una Gilera 500 e fu quasi peggio.

«Quando arriviamo?» diceva il freno Rapezzi. «Ci siamo quasi» disse Gubbioli. Proprio in quel momento Cocosecco forò e si sgonfiò sibilando. Per fortuna proprio lì vicino c'era un meccanico. Gubbioli lo trovò che dormiva dentro al cofano d'una macchina, coperto da un gigantesco calendario con donne nude.

«Non è ancora pronto» disse il meccanico.

«Cosa?» disse Gubbioli.

«Quello che volete. Non è ancora pronto. Sarà pronto martedì.»

«Ma io non sono mai venuto qui prima.»

«Ah» disse il meccanico, «bisognerà smontare il differenziale.»

«Insomma» disse Gubbioli.

«Ho molto da fare. Devo fare centoventi frizioni, otto batterie e una semifinale. Sarà pronto giovedì.»

«Noi veramente abbiamo forato un Cocosecco» disse Gubbioli.

«Ah» disse il meccanico.

«Glielo faccio vedere?»

«Mmm» disse il meccanico, e si schizzò un po' d'olio in bocca.

Truzzi entrò portando in braccio Cocosecco, pallido e magro. Aveva perso sulla destra una fetta di ciccia di mezzo metro. Il meccanico lo girò più volte, poi disse che il battistrada era consumato, e che ci voleva un Cocosecco nuovo. Ne portò tre, uno da neve con una bella giacca a vento e gli scarponi, uno da ghiaccio con un chiodo in bocca e uno normale, bello grosso e nuovo nuovo.

«Glielo monto?» disse il meccanico.

«E il vecchio?» disse Gubbioli.

«Il vecchio è da buttar via» disse il meccanico. Cocosecco rantolò.

«La prego» disse Gubbioli, «me lo ripari.»

«Se vuole» disse il meccanico.

Prese Cocosecco e lo buttò nella buca dell'ingrasso insieme a quattro gomme nane e a un copertone tubercolotico.

«Aiuto!» urlò Cocosecco, «non voglio restare qui. Non sono finito. Posso ancora fare qualcosa. Mettetemi all'ala destra.»

«Stai buono» disse Gubbioli, «tra un po' veniamo a prenderti. Fai il bravo. Il signore qui ha detto che sei pronto martedì.»

«Aiuto» urlò Cocosecco.

Il meccanico montò il Cocosecco nuovo, si fece pagare 34.000 lire perché, diceva, aveva sostituito anche le pastiglie dei freni e dato un'occhiata al motore. Gubbioli protestò, ma il meccanico disse che se non la smetteva gli faceva anche una revisione alla frizione, e fu pagato. La lambretta ripartì.

Ci avventurammo sulle rampe della Raticosa, tutti e quattro col casco, alla ricerca di un bel ristorantino rustico. Ai lati della strada, la gente applaudiva.

# «Conosco un posticino»

*Il ristorante rustico*

Il ristorante rustico è situato spesso in aperta campagna, quasi sempre nei pressi di un canale puzzolentissimo. La sua caratteristica principale è di essere semovente. Se voi infatti scoprite un bel ristorantino rustico, ci mangiate bene e poi volete indicarlo agli amici, non otterrete altro risultato che farli girare per tutta una notte nel buio della campagna. Potete disegnare una mappa precisa al millimetro: potete imparare a memoria tutti i cartelli stradali, deviazioni, case gialle, insegne di caffè, stradine a U che portano al ristorante rustico: i vostri amici finiranno invariabilmente nell'aia di una casa di contadini, con cani ululanti che mordono il cofano della macchina e vecchiette silenziose che vi guardano arrivare come se foste una pattuglia di soldati nazisti. Il ristorante rustico, nel novanta per cento dei casi, è in una stradina non asfaltata dopo una grande curva. Ma gli abitanti del luogo, appena vi hanno visto partire, asfaltano la strada e girano la curva dall'altra parte perché non possiate tornare. Inoltre i ristoranti rustici amano saltare da una parte all'altra dei fiumi, e arrampicarsi sulle montagne. Non dite mai a un amico: conosco un posticino dove si mangia benissimo: dalla provinciale ci saranno due chilometri di salita, si fa tutta in seconda. In realtà, mentre parlate, il ristorante rustico sta già a nove chilometri dalla strada, in cima a uno strappo quasi verticale, con macigni ad altezza d'uomo, pozzanghere velenose, rami che entrano dal finestrino e cunette con in fondo un sasso che aspetta la vostra coppa dell'olio. Trattori vanno e vengono lentamente.

Come catturare un ristorante rustico? Inutile tentare di telefonare: i ristoranti rustici non hanno telefono; o se lo hanno è mimetizzato. Un ristorante che si chiama Bel Colle, nell'elenco è sotto il nome del proprietario, Bagotti Lino. Se voi dite: andiamo a mangiare da Bagotti, dovete telefonare alla Trattoria della luna, o Da Pietro. Esempio: un mio amico conosce una segheria dove si mangiano le rane fritte: bisogna telefonare al Bar Buglioli, e sul posto c'è l'insegna "dalla Zia Maria, specialità tedesche", e si entra sul retro del Municipio.

Un altro trucco dei ristoranti rustici è quello di cambiare gestione con incredibile velocità. Se voi andate in un ristorante rustico per mangiare le tagliatelle della signora Pina, vi troverete di fronte una famiglia di otto napoletani che vi serve specialità di pesce.

Un altro esempio di ristorante tipico rischioso da avvicinare è quello da rane fritte. Potete andarci anche duecento volte in un anno, ma alla vostra richiesta di rane, la risposta sarà invariabilmente «Non è ancora la stagione» o «Non è più la stagione». Mangerete quindi una costata. L'unico modo per avere le rane è di chiedere una costata: il cameriere dirà: «Mi dispiace, signore, ma questo è posto da rane».

Cosa c'è dentro un ristorante rustico? Anzitutto un ambiente rustico. Spesso si entra in una vecchia stalla abbandonata, o anche in una vera stalla dove le mucche vi rimproverano con lo sguardo a ogni boccone, o dove il cameriere vi sommerge con forconate di biada e se vi sedete vi tira su a calci nel culo. Questo è il culmine dello chic. Un posto rustico, infatti, può essere anche chic. Dipende dalla gente che lo frequenta. Io ne conosco uno dove vanno tutte le sere principesse, attori e attrici. Ci si siede in tre su un maiale. Non c'è tovaglia, non ci sono posate. Non c'è neanche il tavolo, non ci sono camerieri. Solo ogni tanto entra un contadino (che è un famoso ex playboy travestito) e tira dentro una mastella di cipolle flambé. Alla fine viene presentato il conto (dalle quindici alle ventimila secondo quanta acqua avete usato per spegnere le cipolle), e c'è un breve spettacolo in cui l'ex playboy munge una mucca senza svegliarla. Ancora più fine è il "Bigoncio", frequentato da grossi industriali e finanzieri. Qui mancano le tovaglie, non ci sono posate, non ci sono bicchieri e non c'è neanche niente da mangiare. Ci si siede in tre o quattro in cima a un autentico pagliaio rustico, si parla del più e del meno, e alla fine per diecimila lire si può mettere anche un dito nella gabbia dei conigli.

Il più di moda adesso è l'"Aldamara", un locale tipico lombardo-spagnolo, dove si mangia nel letamaio, e ogni dieci minuti passa tra i tavoli un gregge di centoventi pecore guidate da un pastore (un travestito ex playboy).

Ma torniamo a noi: dunque, nel ristorante rustico, c'è l'ambiente rustico e c'è il personale rustico. Il cameriere è un omone con i baffi e il sigaro che mena gran pugni sul tavolo e urla «Voi qui mangiate quello che dico io», ed è sempre di una serietà impressionante. Oppure il cameriere è un bimbo di sei anni con una giacca bianca che lo avvolge come un sudario. La sua unica attività è quella di portare avanti e indietro dei bicchieri dal vostro tavolo. Il fatto che voi vogliate ordinare lo riempie di malcelato stupore e di grande emozione. Se voi chiedete: «Ci sono delle omelettes?», fa un sorriso ambiguo e risponde: «Vado a vedere». Dalla faccia che fa, ne deducete che va in cucina, dove è schierata tutta la famiglia. «Allora?», chiede il padre. «Vogliono delle... omelettes» e scoppia in un riso irrefrenabile. Tutta la famiglia si torce nell'ilarità. La vecchia nonna si rotola nella farina della pasta in preda a convulsioni. Dopo qualche istante, uno alla volta, i componenti della famiglia spuntano dalla porta e vi guardano sghignazzando. Il bimbo più piccolo vi indica a dito. Per ultima esce la nonna, un capo pellerossa di centoventi anni, che cammina dondolando, toccando terra alternativamente con la chiappa destra e con la sinistra. Vi guarda, scuote la testa e rientra nella porta. A questo punto, imbarazzati, chiedete se il maiale è buono. «Vado a chiedere» dice ancora il cameriere, e va a un tavolo all'angolo, dove il maiale sta giocando a carte. Succede spesso, nei locali rustici. Il cameriere parlotta un po': il maiale fa larghi cenni di diniego con la testa, e a un certo momento alza anche la voce. Il cameriere torna tutto compunto, allarga le braccia e fa: «Il maiale è finito».

*Il ristorante di lusso*

Il ristorante di lusso ha, rispetto al ristorantino tipico, il vantaggio di essere situato in centro, e quindi di essere facilmente raggiungibile. Ce ne sono di molti tipi: il primo è quello, diciamo così, classico. Si vanta di avere una lunga tradizione; è costellato di diplomi di gastronomia di Amici della buona cucina, Amici della buona tavola, Accademici del vino, Cavalieri della forchetta, Lancieri del culatello, e così via. L'ambiente è in stile vecchio: grandi lampadari, specchi, statue, teste di Bacco, foto di tenori dagli sguardi fieri e di colossali soprano tedeschi. Questo vecchio ristorante, nella guida, è segnato con tre pagine intere di forchettine, coltellini e cucchiaini. I camerieri sono distinti e pallidi: fanno orario dalle nove alle due, poi rientrano nella bara. Il menù è in un francese rigorosissimo e ha un'apertura alare di due metri. A volte questi ristoranti sono veramente troppo vecchi, e qualcuno cade in disarmo. I camerieri sono pieni di tremiti e non è possibile ordinare minestra in brodo. Il più famoso di tutti era il "Saint-Gobain", il locale dove si riuniva l'aristocrazia torinese per le occasioni importanti, come la partenza per una nuova crociata o una guerra d'indipendenza ben riuscita. Questo locale aveva ormai seicentoventotto anni. Il maître ne aveva centoventi e da centotré cercava di dar via una porzione di fagiano avanzata a Cavour, quindi si presentava sempre ai clienti con un «Le consiglio il nostro fagiano», ma tutti sapevano la storia e nessuno ci cascava, finché si decise di fare il fagiano monumento nazionale con un contorno di patate di travertino. La specialità del ristorante erano da tempo le crêpes. Ce n'erano di buonissime con la marmellata e ce n'erano anche di enormi nei muri e sul soffitto, finché un giorno il ristorante crollò e rimase in piedi solo una statua di D'Annunzio e un cameriere bravissimo con venti bicchieri a raggiera in ogni mano.

Ma ci sono altri tipi di ristoranti di lusso. Molto diffuso è il ristorantino intimo, per una cenetta a due. Si mangia in piccolissimi separé, con una musica languida nell'aria. Le porzioni sono molto intime anche loro: un solo maccherone al sugo, l'ultimo metacarpo di un'ala di pollo con contorno di pisello e, per dolce, una crème-caramel grande come un gettone telefonico. I camerieri sono molto discreti e silenziosi e camminano con due filetti al sangue sotto le scarpe per non far rumore. In questo ristorante è d'obbligo lo champagne, che viene posto in un secchiello pieno di ghiaccio, per poi essere versato nella scarpina della dama. Il Bordeaux va invece bevuto in una pantofola di pelo, e il Barolo in uno scarpone da montagna. I prezzi variano dalle venti alle cinquantamila lire, con punte di centomila se il ristorante è molto ben frequentato. Un piatto di rigatoni costa, ad esempio, tremila lire se mangiato in un tavolo d'angolo; ma se dal vostro tavolo vedete la schiena di Tognazzi il prezzo sale a cinquemila. Per seimila lire potete far alzare Strehler tutte le volte che vi chiamano al telefono. Con ventimila lire potete prendere una porzione d'aragosta a metà con la Fürstenberg, o una minestra di verdura tenendo Fanfani sulle ginocchia.

# La trasferta

Mi ricordo ancora il giorno della trasferta. A Firenze c'era Fiorentina-Bologna, e si decise di noleggiare un pullman. Così la mattina puntammo tutti la sveglia alle cinque e mezzo per svegliarci in tempo.

Io, fui il primo ad arrivare, alle otto, e trovai l'autista che dormiva acciambellato nel volante. Dieci minuti dopo arrivò il geometra Buzzi con un thermos pieno di tortelloni burro e oro, la moglie e un bambino, che però era venuto solo per accompagnarli in vespa. Buzzi tirò fuori una carta geografica d'Europa, e cominciò a studiare il percorso. Era molto preoccupato perché la moglie aveva un grande terrore delle gallerie, e temeva che si sarebbe buttata giù nel tratto appenninico. Io non lo ascoltavo perché mi stavo divertendo un mondo a scoprire i comandi del pullman. Ce n'erano un'infinità, come in un aereo di linea, e riuscii quasi subito a far scontrare i due tergicristalli che si ruppero in vari pezzi. Arrivò Codoni con una pelliccia di lontra lunga fino ai piedi con bottoni rossi e blu a coccarda. Con lui c'erano tre bambine e tre bambini. I bambini erano completamente avvolti in sciarpe rossoblù che impedivano loro qualsiasi movimento, e rotolavano come gli eroi dei western quando cercano di slegarsi. Le bimbe erano vestite: una da torero una da spazzacamino e una da Colombina, con un vestito spiovente di pizzi, e così truccata che una macchina di nottambuli reggiani si fermò e cominciò a chiedere «Bellona, quanto vuoi?»

Alle nove e mezzo arrivò la banda Fornara trascinando due damigiane di vino su un palchetto a rotelle. Alle undici arrivò Ferrari con due pugili della Sempre Avanti! che camminavano in posizione di guardia e per presentarsi, invece di dar la mano, punzecchiavano col jab sinistro. Disse che li aveva portati perché voleva essere protetto in caso di tafferugli. I due sedettero su due poltrone vicine e cominciarono a picchiarsi selvaggiamente.

Arrivò Rapezzi in canottiera, braghe corte, calzini arancione e scarpe traforate, e cominciò a suonare la fisarmonica. Arrivò Gubbioli con una gallina dipinta di rosso e blu che lanciava urla di agonia. Arrivò Naldi che era convinto che si andasse all'Abetone, ed era vestito da sci con due scarponi modernissimi che avevano l'ultimo gancio che si allacciava sotto la gola come un papillon, e camminava chino in avanti perché aveva sul berretto un pompon di ghisa per tenere meglio il peso a valle. Aveva due sci a noleggio, lunghi tre metri e trenta, con due attacchi di sicurezza così perfetti che appena vedevano un tipo sospetto si sganciavano e andavano a morderlo in una gamba. Mentre Cavazza li montava sul tetto, Naldi dovette tenerli fermi perché ringhiavano come mastini.

Alle dieci svegliammo l'autista per partire: questi aprì gli occhi e disse di non essere l'autista, ma uno zingaro che era salito sulla corriera vuota perché non sapeva dove dormire. Il vero autista era andato a bere un attimo. Infatti in quel momento lo vedemmo uscire a quattro zampe dal bar. Si passò una mano sulla bocca, poi disse «Siamo pronti» e cercò di salire sul pullman, ma perse l'equilibrio e scomparve nel differenziale. Intanto lo zingaro se n'era andato, e Codoni cominciò a dire che non era uno zingaro, ma il vero autista, e che quello che diceva di essere il vero autista era uno zingaro, e c'era qualcosa di poco chiaro, e non si convinse neanche quando gli spiegammo che lo zingaro vero era quello che era andato via, anche perché gli aveva rubato le scarpe, e Codoni pur di non darci ragione disse che era venuto senza. Intanto il vero autista riuscì a venir fuori da sotto al pullman e disse che aveva bisogno di bere qualcosa di forte perché s'era preso paura. Noi prendemmo tutti posto nelle tre poltrone vicino alla moglie di Buzzi, che era una bionda naturale con due tette come due tacchini, e lasciammo il resto del pullman quasi deserto, tanto che i bambini cominciarono a giocare a pallone sette contro sette.

A mezzogiorno finalmente l'autista partì, tirò una prima fino ai novanta e inchiodò di colpo. Io andai a sbattere il naso sul sedile davanti nel panorama del Cervino, Buzzi si gonfiò un occhio contro il lago di Misurina al tramonto e Rapezzi si spaccò due denti sulla piazza storica di Assisi. La strada era ostruita dalla banda Lanzarini, macellai, con una bandiera di quattordici metri, campanacci da mucche, tamburi, maracas, bandoni di benzina, piatti da banda e zamponi chiodati. Salirono in cinquantotto, già tutti senza voce: uno di loro suonò un colpo di gong e i due della Sempre Avanti! lo massacrarono in pochi istanti. Contammo i bambini, che però si spostavano a una velocità tale che la stima era molto approssimativa. Ferrari ne contò centocinquantasei divisi in due squadre. Per fortuna Gubbioli ebbe l'idea di fischiare un minuto di raccoglimento per la tragedia di Superga, e da fermi ne contammo ventuno. Ce n'era uno in più: scoprimmo che avevamo contato anche Schiassi, che era un fontaniere molto piccolo che era già caduto nove volte nelle fogne riparando i lavandini. Schiassi si offese moltissimo e noi gli chiedemmo scusa, dicendo che non era poi tanto basso, era giusto, e che si mettesse a sedere. L'avevamo già calmato quando Tirelli ebbe il cattivo gusto di chiedergli se aveva avvisato Biancaneve che non rientrava a mangiare, e Schiassi lo aggredì con una chiave inglese tentando di spalarlo.

Finalmente partimmo. L'autista guidava con assoluta perizia e padronanza, anche se al casello dell'autostrada cadde dal finestrino per prendere il biglietto. Alla prima galleria noi cercammo subito di spogliare la moglie di Buzzi, che imbarazzatissima offriva a tutti gomma da masticare e chiedeva «Dov'è finito mio marito?». Buzzi era sul tetto perché non poteva sopportare il rumore degli sci che sbattevano, e stava cercando di legarli con la cintura. Sull'autostrada c'era un sole meraviglioso: l'avvocato Della Lana, noto menagramo, disse «Che splendida giornata» e tutti ci toccammo. Infatti in quel momento si udì un tuono e una nuvola enorme coprì il cielo. Cominciò a piovere.

L'autista si alzò dal suo posto e venne a sedersi vicino a noi, dicendo che tanto il tergicristallo non funzionava, e lui non vedeva un accidente. Rapezzi chiese se qualcuno sapeva cantare la Montanara e tutti cominciarono a guaire come lupi. Un bambino Codoni tirò una pallonata in faccia a un bambino Cecconi a gioco fermo, e Ferrari lo espulse dal finestrino giù per una scarpata vicino a Roncobilaccio. Intanto Codoni padre continuava ad asserire che l'autista era uno zingaro, che il vero autista era il finto zingaro che gli aveva rubato le scarpe, e continuava a chiedergli di che tribù fosse. Ferrari strisciava tra i sedili tentando di impadronirsi della gallina mascotte. Noi avevamo completamente spogliato la signora Buzzi che spiritosamente stava al gioco e continuava a chiedere dov'era il marito. Buzzi era sempre sul tetto, flagellato dalla pioggia, e cercava di dare una polpetta avvelenata agli attacchi. Io riuscii a fare un buco nella fisarmonica di Rapezzi, e ne uscirono venti stecche di sigarette. A questo punto l'autista tirò fuori un violino e cominciò a suonare un'aria tzigana. Codoni saltò in aria urlando «Avete visto!», ma l'autista spiegò che non era uno zingaro, e che aveva imparato a suonare per vincere la monotonia dei lunghi viaggi. Codoni non sembrò convinto, e anche qualcuno di noi.

L'avvocato Della Lana disse: «Si va che è un piacere, eh!» e subito forammo tutte e quattro le gomme e quella di scorta esplose come una bomba. Decidemmo di fare una sosta all'Autogrill. Subito ci dividemmo in varie direzioni. Cecconi andò a scrivere "Forza Bologna" su tutte le auto del parcheggio. Rapezzi partì in direzione dei cessi per andare a rompere tutte le catenelle e Galli cominciò ad andar giù dalla porta con cellula fotoelettrica finché essa impazzì tagliandolo per il lungo. Noi entrammo tutti per bere qualcosa, meno Ferrari che scivolò in cucina per farsi arrostire la gallina. Ordinammo sei caffè, ma appena si sentì il dlin dello scontrino i due della Sempre Avanti! stesero la cassiera con una serie di ganci al corpo. Intanto i bambini si erano lanciati nel labirinto del supermarket e segnavano con una croce nera tutto quello che volevano comprare.

Quasi nessuno riuscì a bere, anche perché nel caos dell'ordinazione collettiva la commessa era fuggita strisciando attraverso le nostre gambe, e alla cassa era finito un tedesco. La signora Buzzi, coperta alla bell'e meglio con dei Cleenex, riuscì a recuperare quasi tutti i bambini, e a vuotare le loro tasche dagli zamponi. Rapezzi uscì con un duomo di Milano fatto di conchiglie alto quasi due metri, che aveva ottenuto presentando lo scontrino per un fernet. Risalimmo al pullman, dove i due della Sempre Avanti! tenevano fermo l'autista mentre Codoni lo schiaffeggiava intimandogli di confessare e di leggergli la mano. Quando eravamo già tutti seduti, arrivò di corsa Galli: dopo il trincio della fotoelettrica si era rimesso insieme alla meglio legandosi un foulard stretto al collo, ma ogni tanto le gambe gli si aprivano e finiva a terra in spaccata.

Finalmente partimmo, e giungemmo al casello: sfortunatamente avevamo sbagliato strada ed eravamo a pochi chilometri dal San Bernardo, cosicché dovemmo sentire la partita per radiolina. L'autista fuggì e rapì Codoni, portandolo nella sua carovana; la moglie di Buzzi sparì con uno dei due pugili e Galli andò metà a trovare dei parenti al Tarvisio e metà senza meta. Tornammo a casa, e proprio alle porte di Bologna Buzzi riuscì a legare gli sci, ma rimase impiccato a uno striscione della Fiera campionaria.

Erano le tre di notte. Il Bologna perse sei a zero dopo essere stato lungamente in vantaggio

# Viva Piva

Un giorno, nell'agosto del '50, il famoso Mazzarone, l'allenatore dell'Inter dei venticinque scudetti, si fermò per caso a fare benzina a Biandrate Oliveto, paesino del Varesotto. Mentre il benzinaio gli riempiva di polenta il serbatoio della Maserati, Mazzarone vide, in un campetto vicino alla strada, un ragazzino. Era magro e macilento, con pantaloni enormi tenuti su con due ciappetti, dai quali spuntavano due gambette rachitiche. Il ragazzino palleggiava con una palla di stracci, e ogni tanto sparava delle bordate spaventose contro il muro della chiesa, tanto che il prete uscì due o tre volte imbestialito perché gli ribaltava l'altare. Mazzarone osservò alcuni minuti il ragazzino. Poi si avvicinò e gli disse: «Di' un po', ragazzino, verresti a Milano con me?». Allora il ragazzino alzò i grandi occhi stupiti dal pallone, guardò Mazzarone e disse: «Fila via, pederasta», e con una pallonata tremenda stese l'allenatore dei venticinque scudetti in mezzo alla strada.

Quel ragazzino era Amedeo Piva, e dieci anni dopo sarebbe diventato il grande Piva, l'ala della nazionale azzurra, il calciatore più forte d'Europa. Per questo Mazzarone ama ancora oggi ricordare quell'episodio.

Amedeo Piva era il sesto di sessantadue fratelli, tutti poverissimi: il padre tagliava la frutta per le macedonie in un ristorante e la madre allevava ranocchi nella vasca da bagno, per poi venderli ai bordi della strada. Fin da piccolo Amedeo cominciò a lavorare: portava a pascolare i ranocchi in un rigagnolo parallelo alla strada nazionale, mentre i suoi sessantun fratelli pulivano la vasca. Durante le sue pascolate, passava vicino al campo sportivo di Biandrate, e spesso il parroco lo chiamava per tener su la traversa. Ben presto si vide che Amedeo era nato per il calcio: mentre i suoi sessantun fratelli passavano tutto il loro tempo a rubare televisioni e a giocare coi ranocchi, lui si chiudeva in camera da letto e dormiva, sognando di giocare con una palla di stracci contro il muro della chiesa.

Ma forse il talento di Piva sarebbe rimasto sprecato, se due persone non l'avessero aiutato a sbocciare: il professore di ginnastica del paese, e il parroco.

Il professore di ginnastica era il nonno di Amedeo, Orazio Piva, una bella tempra di sportivo: malgrado l'età (novantadue anni), si alzava ancora tutte le mattine alle quattro e andavà di corsa da Biandrate a Poviglio (sessanta chilometri) attraverso i campi, a prendere il mangiare per i ranocchi. Era ancora, infatti, così veloce, che durante il tragitto gli si spiaccicava sulla faccia un'enorme quantità di moscerini della Bassa. Quando Orazio Piva, alle sei e mezzo, tornava a casa, si buttava nella vasca d'acqua gelida e si lasciava ripulire dai ranocchi. Orazio Piva inculcò ad Amedeo il culto dell'aria pura. Lo portava sulle spalle a fare lunghe corse nelle risaie, e tutte le mattine i biandronici potevano vedere Piva il vecchio, con un berretto di lana rossa e calzamaglia militare, che scandiva ohp, ohp, balzando agilmente tra le nebbie, con Amedeo che gli pendeva addormentato dalla schiena. Finché un bel giorno nonno Piva portò Amedeo sul campo di calcio e disse al parroco: «Ho un ragazzo che fa per te». E Amedeo fu messo a fare il segnalinee. La domenica, al suo debutto, si addormentò subito appoggiandosi alla bandierina. Fu svegliato da una pallonata che lo prese in faccia: il piccolo Piva sparò una bestemmia e calciò via adirato la sfera. Essa decollò come un missile, passò il tetto della chiesa, l'abitato di Biandrate, il casello dell'autostrada, e scomparve verso Milano. Tutti rimasero stupefatti: il parroco si avvicinò ad Amedeo e gli disse: «Ma tu diventerai un campione!» «Ma sì, ma sì» disse Piva, e si riaddormentò.

Il piccolo Amedeo divenne ben presto l'idolo

del paese. Lo misero subito centravanti nella squadretta dell'Oratorio, la Agnus Dei Qui Tollis Peccata Mundi Biandrate, che partecipava al campionato di terza categoria. Al primo incontro Piva segnò nove gol e mandò all'ospedale tutti e sei i difensori avversari. Se ne stava immobile a tre quarti campo, con tutte le dita nel naso: non appena la palla capitava nei suoi paraggi, alzava la gambetta destra, e tutto il pubblico urlava a gran voce: «Piva, l'oliva!». Allora si sentiva un rumore di sparo e il pallone partiva, lasciando dietro una scia di fumo. Esso radeva al suolo tutto quanto trovava sul suo cammino: scotennava terzini, sconchicchiava caviglie, storceva gambe, scuoiava polpacci e puntava verso la porta. Se era ben diretta, non c'era nulla da fare: era gol. Il portiere, se cercava di sfiorarla, veniva tosto avvolto dalle fiamme per l'attrito spaventoso. La palla sfondava la rete e puntava verso Milano nel primo tempo e, col cambio di campo, verso Varese nella ripresa.

Ben presto fu chiaro che Amedeo meritava ben più della squadretta locale. Oltretutto, il parroco non aveva più i soldi per ricomprare i palloni, e tutte le mattine doveva andare in treno a Milano per cercare di recuperarne qualcuno. Un giorno arrivò a Biandrate Eliseo Tavarez, uno spagnolo che allenava la Pro Vercelli. Disse che aveva saputo che lì c'era un giovane calciatore di straordinaria potenza, e che voleva fargli un provino. Piva fu trovato sul solito rigagnolo, mentre pascolava le ranocchie, che seguiva su una canoa acquistata con i primi premi-partita. Tavarez lo portò sul campo, si mise in porta e gli disse di battere un rigore. Piva si fece il segno della croce e recitò tre pater, tre ave e tre gloria (era molto religioso e faceva sempre così quando calciava dal dischetto), poi mosse il piede destro. Tavarez, spazientito, gli disse se si decideva o no a tirare. Piva disse che lo aveva già fatto, e infatti proprio in quel momento la sagrestia crollò, schiantata dalla pallonata, rivelando un giacimento di scheletri di monaci del '600. Fantastico, disse Tavarez, non l'ho neanche vista, e il pallone, rimbalzando indietro, gli staccò la testa. Il presidente del Vercelli, quando lo seppe, si chiuse in cucina col babbo e la mamma di Piva, e col parroco. Amedeo passò alla Pro Vercelli per tre milioni, il terzino Colavolpe e la comproprietà di una mucca.

Piva, quando seppe che lui, semplice ragazzo di campagna, sarebbe dovuto andare in una grande città, scoppiò in un sonno dirotto. Ma ormai la sua carriera era segnata: con una valigia piena di ranocchie, dalle quali non aveva voluto staccarsi, salì sulla Mercedes del presidente e lasciò Biandrate tra la commozione generale.

Quell'anno, nella Pro Vercelli, Piva affinò molto le sue doti tecniche. Imparò anche a prendere la palla con le mani, e simulare i falli, a fregare i metri sulle rimesse laterali e a tirarsi su e giù i calzettoni. Divenne ben presto il beniamino locale, segnando sessantotto gol in trenta partite. Qui egli perfezionò il suo famoso colpo di testa. Dato che aveva i piedi molto pesanti, circa sessanta chili, non riusciva infatti a staccarsi dal suolo. Per questo imparò a colpire la palla di testa strisciando come un serpente tra le gambe dei terzini avversari. A fine anno, tutte le grandi squadre cominciarono a fargli la corte. La spuntò il Milan, che in cambio diede al Vercelli: Polatti, Revere, Bigi, Artoni, Quaglia, Zanotti, Marzocchi, Raperini, Olivo, Mascarone, Truci, Binotto, Sampaoli, Grazzut, Vanvitelli, Ortovero, Maiani, Luppi, Guardapaglia, Semeghini, Noto, Fraccioni, De Benedetti, Sansa e ottanta milioni.

Era il leggendario Milan 1953. In porta c'era Bonera la pantera, alto un metro e sessanta, ma con le braccia di due metri e mezzo, tanto che in porta stava appoggiato per terra sui gomiti. Era molto peloso e, come portafortuna, portava appeso al collo un casco di banane, di cui era ghiottissimo. Terzino destro era Bozzoni, detto Tenaglia, perché non mollava mai l'avversario. Al fischio d'inizio, infatti, si calava anche lui di soppiatto dentro le braghe dell'ala avversaria e i due continuavano a camminare insieme a quattro gambe per tutta la partita. Terzino sinistro c'era Barbaglio, detto l'Assassino. Ruppe trecentoquaranta gambe e fu espulso trecentoquindici volte, l'ultima anche dall'Italia, e scomunicato. Stopper era Guadio l'Armadio, famoso per la sua elevazione di testa, al termine della quale ricadeva sempre sul centravanti avversario schiacciandolo. Centromediano era Kroner, il tedesco di ghisa, detto il Baluastro. Perno della difesa, era lui che organizzava tutto, comprese le cene fredde. Era insuperabile: scavava fossi, minava l'area, metteva tagliole. Una volta riuscì a fermare Lonzi, centravanti del Bologna, lanciato a tutta velocità in piena area, facendolo arrestare dalla Polstrada. Mediano sinistro era Ghiandi, detto Ossigeno. Il polmone della squadra. Sempre in movimento, dal principio alla fine. Di notte dormiva in un cilindro rotante, sempre correndo, e mangiava inseguendo anguille vive attorno alla tavola. In partita, non si fermava mai: correva sempre insieme alla palla, restando a venti centimetri, senza mai toccarla, e se un avversario si avvicinava, la soffiava via coi potentissimi polmoni. Ala destra era Popolini, la Biscia. Era alto trentasei centimetri, e sgusciava da tutte le parti. La sua specialità era la finta: faceva finta di scattare sulla destra guardando a sinistra, poi portava il corpo a sinistra, guardava a destra, avanzava il piede sinistro verso destra e si girava all'indietro scattando a sinistra in retromarcia. Era veramente ubriacante. Infatti beveva come un cammello e soffiava sul viso dell'avversario zaffate di barolo d'annata, fin quando questo cadeva a terra cantando canzonacce.

Mezz'ala destra era Mandulli, detto il Cervello. Il suo gioco era intelligentissimo e ragionato. Giocava sempre tenendosi le mani sulle tempie in atteggiamento pensoso, e portava sui due piedi un mirino da marina. Aveva tre lauree: in geologia, per calcolare i rimbalzi sul terreno, in aerofisica, per calcolare le traiettorie, e in matematica per calcolare gli ingaggi. Sapeva mandare a quel paese gli arbitri in sette lingue, e citava Baudelaire sotto la doccia.

Centravanti era Scardovazzi, detto Macigno per la sua resistenza alle cariche. Era completamente blu per i lividi, senza denti e con i piedi rifatti in compensato. Per quanto picchiato e sgambettato, non cadeva mai a terra: avanzava sempre verso la rete avversaria a testa bassa, forava la rete, calpestava i fotografi e saliva su per le gradinate fendendo la folla come uno spazzaneve. Poi cadeva giù dallo stadio, e si apriva un varco a testate tra le macchine del parcheggio, fin quando l'allenatore col megafono urlava «Scardovazzi, virata», e lui tornava indietro. Nella vita privata, però, era una persona gentile e cortese: amava la campagna e gli piaceva farsi passar sopra dai trattori.

Mezz'ala sinistra era Guazza, detto Estro. Il suo gioco era fantasmagorico e ricco di finezze. Giocava con i pantaloncini di pizzo veneziano e correva sulle punte. Era un vero giocoliere e dava del tu alla palla, suscitando le ire dell'allenatore che era un uomo rigido e formale. Gli piaceva molto abbracciare i compagni dopo ogni gol, e qualche volta li baciava anche, il che suscitava qualche sospetto. Gli piaceva anche molto mettersi in barriera, voltando la schiena, quando gli avversari battevano le punizioni. Molto spesso si innamorava dei segnalinee e veniva espulso per gesti osceni.

Ala sinistra, naturalmente, era il grande Piva. Allenatore era Juarezk, polacco-uruguaiano, detto lo Stregone Perverso per la sua bravura e la sua ferrea disciplina, che andava dallo svegliare i giocatori con docce fredde al castrare le Squadre Primavera. Era molto rispettato e temuto: il suo motto era: è il centravanti che traccia il solco, ma è il portiere che lo difende. Qualsiasi intervista gli fosse richiesta, egli rispondeva sempre con un'unica frase: *la bala es tonda* (la palla è rotonda) a tutte le domande. Questo creò la fama della sua scarsa loquacità. Era severo, ma molto umano e semplice con i giocatori, anche se non abolì mai lo jus primae noctis.

Piva, naturalmente, all'inizio, non ebbe vita facile. Guaraldi, la vecchia ala sinistra, cercò di strangolarlo sotto la doccia, e i ranocchi diedero l'allarme appena in tempo. Al suo debutto in serie A, al calcio d'inizio, Piva si mise in ginocchio a cerchio centrocampo, e pregò per tutto il primo tempo. Negli spogliatoi, Juarezk gli diede una bella strigliata. Nella ripresa Piva apparve trasformato, e alla prima palla che gli capitò tra i piedi, esplose il destro: ma mancò la palla e alzò un isolotto di terra di venti metri, che seppellì completamente la porta avversaria.

L'incontro finì zero a zero e il lunedì tutti i giornali si scagliarono contro Juarezk, dicendo che Piva era una bufala, che era stato pagato trenta volte il suo valore, che non aveva scatto, e puzzava d'aglio. Un giornale di Milano pubblicò una foto dove si vedeva Piva che ballava il valzer da solo in un night. Insinuò anche che Piva aveva rapporti sessuali con uno dei suoi ranocchi. Piva dormì tutta la notte piangendo e sognando di non riuscire a chiudere occhio. La mattina decise di appendere le scarpette al chiodo: ma dato che aveva due scarpette numero 54, il chiodo cedette con tutto un pezzo di muro, e Piva desistette. Il vecchio parroco gli telefonò per fargli coraggio, e i ranocchi gli regalarono una sciarpa.

La domenica seguente, Piva entrò in campo emozionatissimo. Il pallone uscì di lato, e Juarezk gli urlò: «Piva, rimetti in campo». Allora Piva si portò sul centro e vomitò un caricatore di fagioli, roastbeef e pasta sfoglia, tanto che il gioco fu interrotto dieci minuti per poter pulire. Il pubblico urlava: «Fuori Piva» e «Piva Piva oca giuliva». Allora il grande Piva disse: «Vi faccio vedere io!», prese il pallone dal portiere, fece due passi e da novanta metri centrò l'angolino a fil di rete in alto a destra sotto la traversa nel sette tra palo e portiere. Si udì un boato. Era gol! Piva ne fece altri tre, uno su cross, uno su suggerimento e uno su mischia, mancandone per un soffio uno su lancio illuminante e uno su tocco smarcante. I compagni, subito, lo elessero Re della squadra, e tutti cominciarono a dargli inviti per andare in gol, e Guazza un invito per andare a ballare insieme al Mocambo. «Piva Piva, ecco che arriva» e «Piva Piva, schiva l'oliva» urlava la folla.

Il lunedì i giornali scrissero: è nata una stella. Dissero che Piva era un fuoriclasse, che valeva già trenta volte più di quanto era stata pagato, che era una forza della Natura. Un giornale di Milano pubblicò una foto dove si vedeva Piva, tra due suore, mentre steccava la gamba di un cagnolino zoppo. Un giornale milanese pubblicò una foto dove si vedeva Piva mentre, in una camera d'ospedale, regalava due cagnolini a una suora con la gamba di gesso in trazione. Tutti e due portavano il titolo: *Piva cuore d'oro*. Un settimanale smentì la notizia che Piva andasse a letto con i suoi ranocchi: pubblicò anzi in esclusiva col titolo *Il dramma d'amore di Piva* una storia secondo cui Piva era innamorato di una principessa brasiliana che, per un incantesimo di un mago cattivo, era stata trasformata in ranocchio. Sarebbe ritornata donna solo quando fosse stata baciata da un calciatore con almeno duecento gol in serie A. «Per questo» diceva testualmente il giornale, «Piva gioca con tanto ardore: ogni rete segnata lo avvicina sempre più alla sua bella Dolores». E Piva disputò un grande campionato, segnando centosei gol, di cui trenta in un solo incontro. La sua popolarità divenne leggendaria: il mensile dei suoi fans, «Viva Piva», tirava 800.000 copie, e le magliette con la sua effigie invasero il mercato, tanto che il Governo decise di sostituirle al grembiulino delle elementari. Le donne cominciarono ad assediare la sua casa, e si fecero tatuare "I love you Piva" sulle pentole di cucina. I sociologi, interessati al caso, pubblicarono uno studio di duemila pagine, *Piva e i mass-media*, in cui sostennero la tesi che l'estrema popolarità del campione era dovuta al fatto che gli italiani, da piccoli, hanno un'alimentazione ricca di farinacei. «Time» gli dedicò una copertina con la dicitura: *Piva, Italian King* (Piva, il re d'Italia). In un anno Piva fu intervistato tremilaseicentotrentacinque volte: di queste interviste, milleseicento iniziavano con la frase «Di lui, ormai, è stato scritto tutto», e millequindici con la frase «Chi è l'uomo Piva?».

Tutti, più o meno, erano d'accordo sul fatto che Piva fosse un introverso, specie quelli che lo intervistarono sotto al letto. Qualcuno disse che era rimasto semplice, e continuava a mettersi le mani nel naso e a giocare a ramino col vecchio parroco. Altri dicevano che era cambiato, che era un vero despota nella squadra, e obbligava Bozzoni a mettergli lui le dita nel naso. Aveva preso a calci il vecchio parroco, e giocava a poker in Vaticano con aperture minime da nove milioni. Qualcuno disse anche che s'era messo a mangiare fritti di ranocchi.

La verità era che Piva era effettivamente cambiato. Aveva fatto cacciar fuori di squadra Guazza perché una volta, sotto la doccia, aveva usato il suo Badedas, e schiaffeggiava continuamente il vecchio Franzi, il massaggiatore, perché lo toccava. Frequentava strane compagnie, tra le quali un rospo proprietario di una catena di night, e aveva comperato trenta Mercedes perché gli piaceva lo stemmino sul cofano. Ormai nessun allenatore riusciva a sopportarlo, e Juarezk diceva in segreto alla moglie, a proposito di Piva, che la palla non è poi rotonda come sembra.

Ma i tifosi lo adoravano. Quell'anno la Juventus, a fine campionato, tentò di acquistare Piva offrendo Anastasi e una 500 con mangianastri. Il Milan rifiutò. La Juventus offrì la Fiat trattori, sei miliardi e metà Cuccureddu. Il Milan barcollò e rifiutò. La Juve offrì la Fiat in blocco, e metà Cuccureddu. Il Milan chiese tempo per decidere. La notizia si diffuse, e i tifosi impazzirono. Dissero che se fosse stato venduto Piva, nessuno sarebbe più andato allo stadio. In più di cinquecento salirono sul Duomo, minacciando di buttarsi giù non appena fosse stato firmato il contratto. Furono chiamati i pompieri: ma essi dissero che non avrebbero più effettuato un solo intervento finché non si fosse avuta la certezza che Piva restava al Milan. E cominciarono a fumare minacciosamente buttandosi le cicche alle spalle. Si cercò un prete per dissuadere gli aspiranti suicidi: ma i preti dissero che se si vendeva Piva, si sarebbe commesso un atto contrario alla morale cristiana. Qualcuno giunse a dire che il Vangelo parlava piuttosto chiaro in materia di trasferimento di calciatori, e che in realtà Giuda era l'allenatore di una squadra ebraica e Barabba un terzino. Si telefonò al Questore, ma la moglie disse che era uscito e si era diretto verso il Duomo con un piccone e scarpe chiodate.

A mezzanotte, intanto, già metà della città si era accampata tra le guglie. L'altra metà si era stesa in piazza, urlando «Buttatevi, e schiacciate anche noi». Nella sede del Milan i dirigenti discutevano ormai da dodici ore tra fiumi di caffè e nubi di fumo. Quando giunse la notizia che Milano era pronta al suicidio collettivo, tutti rimasero di sasso. Infatti, aprendo la finestra, videro la città deserta, e sentirono un sinistro scricchiolio provenire dal Duomo. «Non possiamo farlo!» disse il presidente Barattoni. Ma in quel momento da Torino giunse la notizia che tutti i torinesi passeggiavano tenendosi una pistola puntata alla tempia, alcuni un fucile, i militari, a gruppi di diciotto, un cannone. Non appena si fosse avuta notizia che Piva restava al Milan, avrebbero sparato tutti insieme. L'Italia era ammutolita. La televisione, collegata in diretta con le due città, trasmetteva in continuazione interviste. Juarezk, intervistato, disse che la palla era indubbiamente grave e rotonda. Mazzarone disse che, a meno di un salvataggio in corner in zona Cesarini, se si prendeva un po' di tempo con la melina, facendo marcare i tifosi dall'esercito, e mettendo all'ala destra della piazza i carri armati per lanciare in area i bersaglieri, ci sarebbe stato un massacro collettivo nella ripresa. Alle due di notte le guglie del Duomo ondeggiavano per il peso e crepitavano come wafer. Nella nebbia salivano cori malinconici. A Torino tutte le finestre erano aperte, e a ogni finestra si sentivano oliare caricatori e scattare sicure.

Il resto lo sapete. Piva fu nazionalizzato nel gruppo Iri. Si evitò la strage. Ora Piva gioca solo con la maglia azzurra. Il ministero Piva è uno dei più calmi e fecondi della storia italiana. I partiti collaborano: Milan e Juventus sono soddisfatte. Juarezk ha avuto le Partecipazioni Statali e Cuccureddu la Difesa. Le prime riforme, come quella del biennio obbligatorio di calcio al Classico, hanno incontrato una certa opposizione da parte dei difensori della squadra rossa, ma gli scudocrociati hanno controllato a dovere la sfuriata avversaria.

Ovunque e sempre: Viva Piva.

# Due casi storici

## 1
## IL CASO DELLE 3600 LIRE

Ebbe origine un sabato sera al biliardo del bar di via Lame. Presenti circa sessanta spettatori, compreso il barista che aveva abbandonato il bancone dopo aver attaccato un cartello "Guasto" alla macchina espresso e un "Tutte guaste" alla bacheca delle paste. Si affrontavano:

– Polifemo Quadrani, kg 75, guercio, primo cameriere al ristorante Da Pippo, appena smontato dal turno di notte, coi piedi ancora caldi e fumanti come una porzione di lasagne;

– Arturo Pedrelli, detto Amarena per il colorito del viso attraversato da venone di barolo, peso kg 86, di cui 26 di vino e 60 di vuoto a rendere;

– il professor Wilmo Zerbini, detto Einstein, insegnante in pensione, kg 53, inventore meccanico e chimico, teorico del biliardo scientifico e autore di numerosi volumi di poesie pubblicati a proprie spese, tra cui il famosissimo *Luci di Sardegna*;

– Nino Busi, kg 115, ex pappone, ex gestore di night, ex sassofonista, contrabbandiere di sigarette e orologi, biliardista professionista e habitué del casinò di Venezia, debiti per 6 milioni presso tutti i sarti dell'Emilia-Romagna.

I quattro in questione rappresentavano il meglio del biliardo locale, pur avendo caratteristiche differenti. Quadrani era un artista della bocciata: aveva un destro potentissimo, per la muscolatura sviluppata stappando bottiglie in vent'anni di ristorante. Pedrelli era abilissimo nel gioco di sponda, nello sfaccio e insomma in tutto quello che comportava traiettorie storte, essendo per la sua natura bevereccia più a suo agio sullo zig-zag che sul dritto. Zerbini era scientifico: posteggiava la sua boccia tra le altre con precisione millimetrica; pensava molto prima di ogni tiro, anche dieci minuti, ed esigeva silenzio e poco fumo. Busi era il fantasista: giocava sempre in canottiera, sdraiandosi sul biliardo nelle posizioni più estrose; faceva strani scongiuri che diceva d'aver imparato a Casablanca: beveva, urlava, fumava, sudava, cantava, fregava i punti, e dopo ogni tiro faceva un giro per la sala parlando da solo per allentare la tensione, e magari trovava anche il tempo per piazzare un accendino.

La partita fu lunga e appassionante, e durò tutta la notte. Cappello, esperto ottantacinquenne di biliardo, che da anni viveva ormai nel bar non tornando a casa neanche più la notte, e dormiva in una buca di sponda, disse che era la più gran partita del dopoguerra. Finì alle 6 di mattina, quando nella bella il professor Zerbini, stravolto dalla fatica, sbagliò un calcio facilissimo. Busi, sportivamente, strinse la mano agli avversari, poi corse nella toilette dove lo sentirono piangere come un bue per mezz'ora.

La coppia vincente, Quadrani-Pedrelli, festeggiata la partita con una trasfusione di Campari, reclamò la posta, ovvero 7200 lire. Busi, da vero signore, pagò subito con un cinquemila falso la sua parte e sparì. Zerbini invece disse che, rimanendo 3600 lire esatte da una vecchia partita a tressette con tale Leopoldo Lambertini, postino alla Ponticella, girava il debito.

Pedrelli si recò alla Ponticella alla casa di Lambertini, un palazzone popolare a venti strati, e trovò subito sui campanelli diciotto Lambertini, più un Lambertini Chiodoni Wilma e un Lambertini Tende & Infissi. Dopo aver visitato quindici famiglie Lambertini trovò un Leopoldo, che però era un bambino vestito da sceriffo, il quale dichiarò di non giocare più a carte da anni. Al nono piano trovò una vecchietta molto loquace, già «nonnina d'Italia 1960»: essa confidò che lì una volta abitava un Leopoldo, che aveva un botteghino di biglietti di *Canzonissima* e muoveva le orecchie, ma era morto due o tre anni prima cercando di metter sotto una lepre in motorino, e però non poteva essere lui perché non giocava, non beveva, non fumava e non pagava l'affitto; c'era però un Leonida Lambertini al piano di sotto che era un tipo sospetto con le scarpe bianche e nere, e viveva con una che diceva di essere un'insegnante ma lei l'aveva vista scendere da una macchina americana con al volante uno che poteva essere suo padre, ma non era suo padre, perché lei il padre lo conosceva essendo il fratello di quell'Ernesto che veniva a lavare i vetri e guardava anche dentro ai bagni e una volta una vedova gli aveva aperto la finestra di colpo e lui era volato giù da venti metri di testa e l'aveva salvato il panino con cotoletta che portava sotto al cappello.

Alla fine Pedrelli trovò un campanello con Lambertini Leopoldo al sesto piano scala C, ma nella casa si era insediato un muratore sardo, tale Orrù, con dieci bambini, la moglie e la madre, a cui aveva costruito un nuraghe sul terrazzo. Pedrelli cercò di parlargli, ma Orrù non lo lasciò avvicinare perché da due anni cercavano di sfrattarlo e lui si difendeva sparando e l'appartamento era ormai fortificato. Tra le fucilate riuscì a sapere che il Lambertini Leopoldo aveva vinto alla Sisal ed era andato ad abitare via, il portinaio sapeva dove.

Pedrelli scese per un labirinto di scale interne, scavalcando terrazzi con vecchietti in canottiera e canarini anneriti dallo smog, perforando distese di lenzuola e pestando piccoli orti di rosmarino scavati col piccone nei muri.

Arrivò in un cortile di 2 metri per 2 racchiuso dai muri a strapiombo del palazzo, dove c'erano quattro bambini con delle macchinine a pedali che per la mancanza di spazio giocavano all'ingorgo e stavano tutti fermi in fila suonando piccoli clacson e protestando. Erano i figli del portinaio, e uno di loro accompagnò Pedrelli alla portineria principale.

Detta portineria era una specie di plancia di comando d'un transatlantico, con otto citofoni e una bottoniera da cervello elettronico. Dietro a un limpido cristallo c'era il portinaio, con la divisa da generale dell'aviazione americana, che leggeva un libro composto esclusivamente da paginoni centrali di «Playboy». Pedrelli si avvicinò al vetro, ma proprio in quel momento ci fu il ritorno dal lavoro, e un migliaio di persone invase l'entrata e cominciò a spingere per entrare nell'ascensore. Intanto l'altro ascensore emetteva una colata di massaie con grandi borsone da spesa, che correvano in cerca di gloria, richiamate dall'improvviso bando di grossi sconti al supermarket. Quando l'ondata di piena si fu ridotta, Pedrelli riuscì a sapere che Lambertini viveva a Sasso Marconi in una villa signorile.

Ma recatosi sul posto trovò solo una cuccia da cani alta due metri in stile tirolese, con la scritta "Melampo Lambertini – riporti, tracce e punta classica al beccaccino" e sotto, scritto a matita in caratteri minuscoli, "Lambertini Leopoldo". Era accaduto infatti che Leopoldo, accanito cacciatore, con i soldi della Sisal aveva acquistato un cane da caccia di razza pregiata, che egli adorava. Per mantenerlo aveva venduto la casa e la macchina, e quando venne ad aprire a Pedrelli stava mangiando una scodella di pane e insalata, mentre Melampo aveva nel piatto una bistecca grande come la carta dell'Asia. Lambertini uomo, tra le lacrime, spiegò che Melampo era ipotecato e che da tre mesi lui non poteva neanche più andare a caccia perché non aveva i soldi per le cartucce, e si accontentava di portare in giro Melampo per i negozi del centro facendogli puntare i fagiani appesi nelle vetrine, ma il cane ne soffriva moltissimo e deperiva a vista d'occhio perché un vero setter Royal Hunt è sensibile come un bambino. Pedrelli si sentì imbarazzatissimo e alla fine se ne andò lasciando ventimila lire, tra i ringraziamenti dei due che, scodinzolando, gli dissero che comunque le 3600 lire le poteva chiedere a un tal Barilli che sei anni prima aveva comprato un cucciolo di Melampo e non aveva mai pagato.

Pedrelli rintracciò la casa di Barilli in una delle zone malfamate della città, ma vi abitava una trevisana specialista in sveltine, che senza dargli tempo d'aprir bocca lo attaccò al muro e si fermò solo un minuto dopo, quando il conto era già di ottantamila lire. Pedrelli pagò e seppe così che Barilli era rintracciabile all'ippodromo, perché era un accanito giocatore.

Lo trovò in compagnia di un cavallo drogato,

vestito d'un gessato verde e con nel taschino un fantino piccolissimo come l'omino del Brill, che ogni tanto saltava su e diceva «Pasquino vincente alla terza, accoppiata Celestina-Pantalone alla quarta» e poi scompariva, ed era poi quello che gli dava le dritte. Barilli disse che effettivamente aveva acquistato un cucciolo di Melampo, ma era stato un imbroglio perché il padre era da fagiani ma la madre da tartufi, e la prima volta che l'aveva portato in campagna aveva cominciato ad annusare in alto, poi in basso, poi a puntare in alto, poi a scavare in basso e dopo poco tempo era completamente impazzito e da quel giorno puntava soltanto le talpe e le palle da baseball, e lui allora l'aveva venduto a un certo Seghedoni macchinista di treno; e ciò detto fulminò con una fucilata un cavallo che stava per passare davanti a Pasquino e scomparve lasciando dietro a sé una scia di siringhe.

Pedrelli raggiunse Seghedoni allo scambio di Borgo Panigale e lo trovò mentre mangiava un panino col carbone. Seghedoni disse che sì, il cucciolo l'aveva lui, e siccome era molto onesto gli avrebbe dato le 3600 lire; ma mentre stava per pagare sbagliò leva e la locomotiva inchiodò di colpo, la seconda classe finì tutta nella prima, il vagone ristorante balzò in testa e nelle cuccette si scatenò un paglione gigantesco, mentre un tedesco in mutande urlando «Keine Gegenstaende aus den Fernstern werfen!» rincorreva la toilette giù per la scarpata. Seghedoni, mentre lo portavano via in barella, disse che le 3.600 lire le poteva chiedere a sua moglie.

Pedrelli si mise in cerca, e scoprì che Seghedoni aveva una moglie a tutte le fermate del locale Bologna-Piacenza, per un totale di sessanta. Tutto quello che riuscì a racimolare fu un cornetto da una panettiera di Fidenza e una «Settimana enigmistica» con i cruciverba già riempiti da una giornalaia di Modena.

Tornò a casa, stanco e deluso. Ma, orrore!, trovò la moglie a letto con Seghedoni, che facevano un inverecondo rumore di accelerato, e quando li sorprese la moglie lanciò un urlo e Seghedoni gridando «Bologna, si cambia!» saltò dalla finestra come un gatto. «Infame!» urlò Pedrelli, «è così che mi tradisci!» «Ma mi ha dato 3600 lire» disse piangendo la fedifraga. «Ah! Brava!» disse Pedrelli, sollevato. Le fece mettere il vestito buono e la portò a mangiar fuori, alla trattoria **Da Aramis**, dove con 3600 lire mangiarono come angeli.

2

## IL CASO DEL FUNGO GIGANTE

Busnelli aveva un cane da un milione. Era un cagnone bianco, con la frangetta davanti agli occhi, sempre sporco come uno strofinaccio. Si chiamava Leopoldo e valeva una fortuna perché aveva il più bel naso dell'Emilia per tartufi e funghi. Il padrone ne era orgogliosissimo perché, diceva, cani da tartufi ce ne sono tanti, ma da funghi neanche uno, e c'erano voluti sei anni per addestrarlo. Busnelli era un fungaiolo professionista, non di quelli della domenica. Riforniva i ristoranti e i negozi del centro. Non tornava mai dalle sue spedizioni con meno di un quintale di funghi freschi, e faceva diventare tutti verdi dall'invidia.

Un 16 ottobre la seicento di Busnelli fu vista piombare a tutta velocità davanti al bar e il fungaiolo si precipitò fuori, stravolto e rosso, e si buttò su una sedia. «Ti senti male?» gli chiesero. «Guardate dentro la macchina» fece lui ansimando. Dentro la macchina c'era il fungo più grosso mai visto sulla terra. Era alto almeno un metro e mezzo, e sulla cappella ci si sarebbe potuti sdraiare in due. Una vera meraviglia.

Tutti si complimentarono e Rapezzi disse che il fungo andava senz'altro regalato al Papa, o al Presidente della Repubblica, come d'obbligo in questi casi. Ma Muzzi, diabolico, insinuò: «Sì, ma se poi non è buono da mangiare?» «Come!» urlò Busnelli. «L'ha trovato Leopoldo! Vuoi forse dire che il mio cane sbaglia?» Però, dopo un esame attento, tutti furono d'accordo che il fungo era ben strano. Non assomigliava a nessun tipo né dei mangerecci né dei velenosi. Cercarono su un libro, ma non ne trovarono uno uguale. Anche Busnelli cominciava ad avere dei dubbi.

Andarono da Carloni, il contadino più esperto di funghi della regione, ma quello dopo averlo guardato, toccato, fiutato e assaggiato, disse che per lui era un disco volante perché non era mai esistita sulla terra una razza di funghi così.

Si fece la prova del cucchiaio. Un pezzo di fungo fu messo a bollire e nell'acqua si immerse la posata. Il cucchiaio si storse come in preda a convulsioni, e il fungo fu battezzato Uri Geller, ma non si riuscì a capire se era velenoso o no. Allora Busnelli decise di sacrificare il suo gatto. Gli cucinò un pezzo di fungo in umido e glielo servì. Il gatto mangiò e non morì, ma diventò tristissimo e due ore dopo si suicidò sotto un motorino. Era un fungo dagli effetti stranissimi. Un altro pezzo fu spedito al laboratorio dell'Università, dove dissero che dall'esame risultavano tracce di uranio, peperonata, tabacco da pipa, butano e sostanze medicinali, ma che nell'insieme poteva essere benissimo un toccasana per la gotta, o anche un veleno per topi, chissà.

Furono fatte prove con l'aceto, con il pezzo di cipolla, ma niente riusciva a decifrare l'enigma di Uri Geller. Tra la proposta degli anticlericali di spedire il fungo al Papa e lasciare che si arrangiasse, e la proposta di chi voleva sperimentarlo sui componenti di una commissione di kamikaze, prevalse la seconda. Così si cercarono otto volontari. Si trovarono subito perché l'amore per i funghi, si sa, è spesso più forte di qualsiasi paura. Naturalmente, tra gli otto c'era anche Busnelli.

Una sera, a casa di Bondioli, furono serviti riso con fungo, fungo in umido, polenta e fungo, insalata di fungo, macedonia di fungo, frutta, formaggio e fungo. A mezzanotte tutti furono colti da crampi tremendi. È la fine, è la fine, urlavano. Una fila di macchine con fazzoletti bianchi spianati volò fino al S. Orsola.

All'alba, la diagnosi: intossicazione alimentare. Ma non da fungo, bensì da polenta avariata. Nella credenza, infatti in mezzo alla farina gialla fu trovato il cadavere di un topo.

«Uri Geller è buono!» disse trionfante Busnelli. Preparò il vestito blu, la camicia col colletto duro, la stilografica della prima comunione e si preparò a presentarsi a Sua Santità.

«Dammi il fungo, moglie» disse all'alba della partenza.

«Il fungo è finito» sospirò la moglie.

«Meglio» mentì Busnelli, «tanto Sua Santità mangia in bianco.» E tornò a letto.

# Il vero pescatore

Pescare non è un hobby, è una malattia. Il vero pescatore si riconosce da come racconta. Se mentre descrive un luccio di sei etti si esalta, allarga le braccia e salta per tutta la stanza, non è un vero pescatore. Ma se balbetta per la commozione, una lacrima gli scende dall'occhio e un bigattino gli sale lungo la manica, ecco il nostro uomo. I veri pescatori sono soli con la loro malattia, come i cinesi con la pipa d'oppio. Il loro colore è un rosso febbrile, dovuto all'esposizione al sole d'acqua dolce, e rilucente di squame di cavedano accumulate con gli anni. Tra di loro comunicano con il rituale preciso e silenzioso. Odiano il rumore, nemico dei pesci, e se vi avvicinate con passo pesante al bancone del bar si voltano e dicono «piano, che mi fai scappare il cappuccino». In famiglia sono affettuosi, ma di passaggio. Il loro cuore è altrove. Le mogli dei pescatori sono mute eroine che sopportano pazientemente carpe gigantesche nel bidet, invasioni di vermi in tinello e tonnellate di pesce che nessuno mangia, stipate nei frigoriferi come nelle baleniere norvegesi.

I figli dei pescatori hanno del loro genitore immagini fuggenti, due stivali verdi e gocciolanti che si allontanano nella notte. Sul tema in classe scrivono «Io sono orfano. Mio papà fa il pescatore». Poi, a dieci anni, l'ereditarietà della malattia li colpisce inesorabilmente. La madre, disperata, li vede consultare le prime cartine idrogeografiche mentre tutti i bambini normali leggono «Playboy». Vanno di nascosto ai giardini pubblici e catturano pesci rossi gonfi come commendatori. Finché, una notte, la madre li vede salire sulla seicento paterna. Hanno anche loro due stivalini verdi, un berretto alla cretina, una canna e un mulinello. Mentre la madre li saluta sulla soglia col fazzoletto, nota nel loro sguardo la stessa espressione di distacco dalle cose terrene che è del padre. È nato un pescatore.

Naturalmente ci sono vari tipi di pescatori, molto diversi tra loro.

Uno dei più comuni è il pescatore gastronomico. Nel novanta per cento dei casi ha per cognome Busi, e si distingue dagli altri perché, oltre alla normale attrezzatura, ha in dotazione un cestino da colazione, detto appunto cestino Busi. Il cestino Busi corrisponde all'incirca al pasto medio di una famiglia di sei persone. Contiene molte varietà di cibo, ma la base è la cotoletta fredda dal caratteristico bordo tagliente. Il pescatore gastronomico è solito mangiare metà del cestino alle cinque di mattina in macchina. Arrivato sul posto, poggia la canna a un bastone a forcella e ricomincia silenziosamente a mangiare. Mangia tutto il cestino. Poi mangia tutta la polenta che aveva portato come esca. Beve un bottiglione di vino tenuto in fresco nella corrente e si addormenta. Quando si sveglia tira su la lenza e va a mangiare un fritto di nove qualità alla trattoria più vicina.

Poi c'è il pescatore nervoso, dotato di grande mobilità e resistenza fisica. Parte a monte del fiume, e si sposta, bestemmiando perché non prende niente, al ritmo di venti metri al minuto. Attraversa il fiume in tutte le direzioni, cadendo sui sassi e sprofondando fino al collo. Molto spesso è capace di lottare due ore nella corrente per raggiungere una roccia dove ha visto un buon posto, per poi scoprire che ce n'è uno migliore dall'altra parte. Questi pescatori finiscono spesso per pescare nelle condizioni più strane, con un braccio che spunta da una siepe di canne, o a cavalcioni sopra un albero, o immersi nell'acqua fino all'altezza delle spalle con una mano in alto che regge la sigaretta. Usano lanciare l'amo in tutte le direzioni, a duecento metri in mezzo a un lago dove hanno visto saltare un pesce.

Altra particolarità di questo pescatore è la mania della «pastura», ovvero di buttare nell'acqua manciate di lombrichi per attirare i pesci. Man mano che aumenta il nervosismo, aumentano le dosi. Verso mezzogiorno un pescatore di questo tipo è capace di scaricare nel fiume fino a una tonnellata di vermi, e polenta da sfamare una valle di montagna. Se anche così il risultato è nullo, il pescatore comincia a tirare in acqua panini, caramelle, ed effetti personali come l'orologio e la fede nuziale. Nel far questo, il pescatore continua a spostarsi a valle, a traversare il fiume nei due sensi, a cascare sui massi e ad aggrovigliare la lenza in tutti i modi consentiti dal destino. Al termine della mattinata, egli si trova a centotrenta chilometri dalla macchina. Per la sua rumorosità e scarsa dignità professionale, è detestato dagli altri pescatori.

Un tipo in via di estinzione è il vecchietto col cappello di paglia. Trattasi di un vecchietto di media grandezza, dal caratteristico copricapo e con una canottiera per lo più rosa, che frequenta piccoli corsi d'acqua interni. Arriva di solito verso mezzogiorno, e si mette a pescare proprio vicino a voi. Voi siete sul posto dalle cinque di mattina, e avete provato a pescare con tutti i tipi di pastone in commercio, senza risultato. Il vecchietto attacca un pezzo di pane a una lenza usata, sfila una carpa di tre chili e se ne va. Tempo dell'apparizione: un minuto esatto.

Poi c'è il temibile lottatore: è un pescatore immerso fino alla cintola, che lotta urlando e bestemmiando mentre dall'altra parte della lenza tira qualcosa che potrebbe essere una piovra, o un caterpillar da cantiere. Sul ponte lo osservano una cinquantina di persone, aspettando che si verifichi una delle seguenti tre possibilità:

1. il lottatore perde il pesce a due metri dalla riva, dichiarando: «Sarà stato quindici chili»;

2. il lottatore sfila un pesce di mezzo etto scarso, ma muscolosissimo;

3. il lottatore capisce che si è impigliato alla lenza di un altro lottatore che lo sta contrastando dall'altra parte del lago.

N.B.: non esiste la possibilità che il lottatore prenda un pesce grosso (la gente del posto lo sa).

# La naja

Festa grande al bar Sport per il congedo della classe 1953. Unico assente, giustificato: Russo, classe 1930 ma tuttora trattenuto in Gaeta. È Trinca che conosce in tutti i dettagli la sua storia, che generazioni di sentinelle si tramandano oralmente nelle fredde notti di guardia.

Trinca era di corvée in caserma, a raccoglier foglie con un moncherino di scopa, ma tirava molto vento e per dieci che ne raccoglieva ne cadevano cento. Il tenente Panebianco lo vide e si mise a urlare che il viale non era pulito e che le foglie continuavano a valicare la linea di difesa con allarmante rapidità. Trinca disse che c'era il vento che le tirava giù. «Sono inconvenienti abbastanza consueti sul piano operativo» disse il tenente, e afferrò al volo una foglia cadente e la sbriciolò tra le mani con un ghigno di trionfo.

In quel momento passò Cecchi, da Civitella di Romagna, che cercava di ricomporre la salma di una nazionale semplice estratta dal taschino.

«Tu» disse il tenente «perché non sei con gli altri?»

«Perché io sono ricoverato in infermeria e siccome non c'è posto a letto m'hanno detto di girare per la caserma» disse Cecchi.

«E perché non giri con gli altri?» disse il tenente.

«Perché gli altri non girano perché sono a letto» disse Cecchi.

«E tu perché non sei a letto con loro?» disse il tenente.

«Perché non c'è posto» disse Cecchi.

«E perché non hai le scarpe pulite come gli altri?»

«Perché ho l'influenza» disse Cecchi.

«Ah, bene» disse il tenente. «Prendi una scopa e puliscila per bene.»

«Signorsì» disse Cecchi. E scavalcò il muro della caserma.

Trinca raccattò altre dieci foglie e poi si imboscò sotto al biliardo, ma c'era già il terzo plotone assaltatori che dormiva, e si cercò un altro posto. Non lo trovò e girò fino alle sei con la scopa in mano facendo finta di pulire capillarmente la ghiaia, avendo scoperto che con una scopa in mano si è sempre salvi, in una caserma. C'è gente che ha fatto quindici mesi senza mai mollarla, neanche in licenza, ed è stata ferma in piedi nel cortile fino al giorno del congedo.

Comunque, alle sette c'era libera uscita. Trinca entrò in camerata, fece una ventina di nodi di cravatta ai commilitoni a dieci lire l'uno e si infilò il comodo cappotto della naja. Subito il peso lo schiacciò al suolo e il mondo divenne buio. Riuscì ad alzarsi, faticosamente, e chiese se qualcuno voleva uscire con lui. Provò con Lo Bello, ma stava scrivendo a casa ed era in una sauna di sudore. Provò con Mammana, che però stava facendo un centrino tricolore in un groviglio di fili tenuti con le dita dei piedi. Sollazzi dormiva steso sul termosifone con cappotto e berretto di lana. Putzu e Fichera mangiavano dei dolci sardi durissimi e cantavano una nenia funebre in dialetto. Giroldi leggeva «La mezz'ora» con gli occhi lucidi, Costa si lavava i fazzoletti in un vaso da notte, Pinchiol stava ritagliando un "Amor mio" in alluminio da spedire alla fidanzata, Gorgone ruttava come un ciclope, De' Finzis studiava matematica pura con l'elmetto in testa per ripararsi dall'umidità che colava dal soffitto, Jonna si faceva la barba, Trogu bestemmiava e rammendava un calzino, Surato faceva vedere la foto della sua ragazza coprendo dal collo in giù con la mano. Martelli guardava l'orologio e a ogni scattare di minuto urlava «Uno in meno! 3 milioni 265 mila 322 all'alba!», e faceva una crocetta su una stecca lunga dodici metri. Carniel beveva grappa e cantava «Figlia ti voglio dare per sposa un generale» in mezzo a un bombardamento di scarpe.

Allora Trinca uscì da solo, capelli a posto, scarpe lucide, documento di riconoscimento, cappotto stirato, andatura marziale, tesserino firmato, pettine nel taschino e mezzo metro di carta igienica in tasca come da regolamento. Incontrò subito Cecchi che era stato beccato da un capitano alla stazione nascosto dietro un baule, e tornava dentro per dieci giorni di galera. Incontrò Cecere con la mamma che veniva da Palermo una volta alla settimana e gli portava dei formaggi che il lungo viaggio in treno aveva reso duri come macigni e con l'odore di disinfettante da cessi, che Cecere chiamava «sapore di casa mia» prima di svenire. Incontrò Bagotto con la sua ragazza, che facevano delle gran bacerie alla fermata dell'autobus e poi andavano a limonare nelle cabine telefoniche appannandole col fiato, e incontrò Ruffolo già ubriaco col basco calcato fino ai denti e il sergente Marzullo, detto Capa 'e puorco, che girava col «Borghese» in bella evidenza alla caccia di qualcuno coi capelli un po' lunghetti da rimandare dentro, e il maggiore Zampetto che portava in macchina a casa sua un militare idraulico, uno falegname, uno elettricista e uno cameriere per i piccoli lavoretti, e sognava il giorno che gli sarebbe capitato nel battaglione un militare balia friulana per tener dietro alla figlia.

E poi vide Russo. Era nascosto dietro una macchina. Il fatto era molto strano, perché nessuno aveva mai visto Russo andare in libera uscita. Russo era militare da circa tre anni, e aveva sul basco un chilo e mezzo di stellette. Aveva cominciato a non uscire al Car, perché la sua compagnia era di tre persone e il capitano non li faceva uscire se non erano in fila per quattro. Al quarto mese fu trasferito, ma nella nuova caserma c'era poca gente per le guardie, e lo misero in garitta per un turno di tre mesi. Proprio quando stava per finire, venne in visita il generale, e lui era così emozionato che sbagliò il presentatarm e si schiantò al suolo insieme con tutta la garitta. All'ottavo mese fu messo in cucina, dove si imboscò in una marmitta e vi rimase tre mesi imparando a respirare nella minestra di verdura. All'undicesimo mese lo svegliarono e lui mandò a fare in culo dodici sottotenenti, nove capitani e due colonnelli in ventidue minuti. Fu assegnato a una confortevole caserma in quel di Gaeta per mesi dodici. Uscito dal carcere, tornò al Corpo, dove fu messo di guardia in polveriera. Dato che dopo due ore era già completamente ghiacciato, decisero di tenerlo lì fino ai primi caldi. Infatti il 3 aprile si sciolse ed entrò in camera di punizione perché aveva la barba lunga. Non appena uscito dalla camera di punizione prese dieci giorni di consegna per non aver salutato un sergente, dieci giorni di CPR per aver salutato a due mani due tenenti che si incrociavano, otto giorni di CPR per getto di vapore invernale esalato con sospiro mentre indossava ancora la divisa estiva. Al ventottesimo mese di naja Russo aveva quindi dimenticato l'esistenza del mondo esterno. Il padre, che lavorava in Svizzera, aveva smesso di scrivergli, anche perché Russo non gli aveva mai mandato l'indirizzo. Quando Russo vedeva una persona in abiti civili entrare in caserma, restava pensoso per un po' di tempo, finché non si convinse che quella era la divisa dell'aviazione. Entrò in un cesso e fece finta di pulirlo per sei mesi: in tal modo riuscì a far perdere le sue tracce e a non montare più di guardia. Poi prese una cassa di birra e la portò in giro altri tre mesi per la caserma. Era ormai un soldato perfetto. Ma un giorno, a sorpresa, lo congedarono. Era appunto il giorno che Trinca lo incontrò.

«Russo» chiamò Trinca dall'altra parte della strada.

«Comandi!» urlò Russo.

«Cosa fai lì?» disse ancora Trinca, ma prima ancora che avesse finito Russo aveva tirato fuori di tasca una scopa e spazzava a tutto ritmo le strisce pedonali.

Quattro giorni dopo Trinca uscì di nuovo e trovò Russo che faceva adunata insieme alle persone che aspettavano l'autobus. Diceva che stavano per distribuire la posta. Il capitano della compagnia venne a spiegargli che era stato congedato e che poteva tornare a casa, ma Russo non capiva. Finalmente qualcuno ebbe l'idea di dargli una licenza di tremila giorni, e Russo partì.

Il suo reinserimento nella vita civile non fu facile, all'inizio. Aveva ancora la nevrosi da scopa, e non riusciva a mangiare se prima qualcuno non suonava la tromba del rancio. Essendo rimasto solo in casa con due nonne centenarie, le costrinse a tagliarsi i capelli, con effetti mostruosi. Tutte le notti le inondava con gavettoni di acqua gelida, finché una non tirò le cuoia per una polmonite. L'altra, per salvarsi, si attaccò tre stellette sul grembiule e lo tenne sull'attenti mentre andava a chiamare un dottore. Russo marcò visita e si rifiutò di prendere qualsiasi medicina, ma riuscì a ottenere tre giorni di esonero dalle marce per vesciche ai piedi.

Finalmente una sera, mentre girava in libera uscita, fu investito da un automezzo che lo centrò proprio sul basco. Lo choc della botta fu tremendo: aprì gli occhi e chiese: «Dove sono?». Era guarito.

Il generale Aloisio Ripa Tarrigoni in persona venne per rendersi conto dell'accaduto. «Allora, come va il nostro bel soldatino?» chiese democraticamente. Russo lo prese e lo picchiò fino a ridurlo allo stato di un comune caporale.

La mattina dopo ripartiva per Gaeta con gli occhi stupiti, la tristezza nel cuore e la scopa nella valigia.

# Buon Natale

Oggi al bar siamo tutti più buoni.

È più buono Eros il tecnico. Dice che Chinaglia, in fondo in fondo, se imparasse a giocare di testa...

Fornara ha perdonato a Stambazzini un'uscita con l'asso di coppe per cui non gli parlava dal '68.

È più buono il caffè. Il barista lo fa con la miscela delle grandi occasioni, bello caldo e concentrato come se dovesse tirare un rigore.

È più buono Muzzi. Ha portato l'albero. L'ha segato, di notte, ai giardini comunali. È pieno di cuori, frasi d'amore, segni di pallonate e pisciate di barboncini. Non importa, è il pensiero che conta.

Nevica, le scarpe gniccano. I bambini schiacciano i nasini sulle vetrine dei negozi di giocattoli. Cocosecco schiaccia il nasone sul vetrinone di un negozio di alimentari e la commessa sviene.

Poluzzi fa il papà Natale nel sottopassaggio a

cinquecento lire l'ora. Nando spala la neve nei giardini-bene e la tira dentro alle finestre degli emigrati, tanto non hanno il riscaldamento.

Nella via illuminata a festa le pellicce si accarezzano nel traffico, facendo le fusa. È Natale.

È più buono il vigile, che mette le multe col rametto di vischio. È più buono il nonno da bar, che va a sputare fuori.

Trinca viaggia con una sporta con capitone, tacchino e cappone. È la tradizione. Dai domenicani hanno fatto un presepe, tutto di marzapane. Il cinno, di nascosto, mangia i re magi e scappa a confessarsi.

Fili d'argento si tendono tra il cielo e la terra. È una festa per tutti. Al Rotary pranzo gratis per i bambini poveri. Obbligatorio lo smoking.

Al bar ci scambiamo i regali. Sigari, cambiali, abbonamenti di tribuna. L'albero, decorato con krapfen e candele di motorino, lampeggia e spande intorno un calore confortante. È indubbiamente Natale.

Tacchino per tutti. Ai malati dell'ospedale, dentro al brodo. Al carcere, al manicomio e in caserma. E a mezzanotte ragazzi, un bel presentatarm a Nostro Signore.

Oggi siamo tutti uguali: soprattutto i poveri, ospiti d'onore nei discorsi dei cardinali, nelle riunioni conviviali, nei servizi dei telegiornali.

Oggi siamo tutti uguali. Il 26, però vado al Sestriere.

Buon Natale.

# Indice

7 *Introduzione storica*

15 La Luisona
17 Attrazioni
33 Il tecnico
39 Il professore
46 L'insegna
50 Bovinelli-tuttofare
54 Il bimbo del gelato
57 Il Cinno
64 Cenerutolo: favola da bar
73 Il nonno da bar
76 Il grande Pozzi
90 Il cinema Sagittario
98 Il playboy da bar
107 La cotta del ragionier Nizzi
112 Pasquale il barbiere
116 Comparse
121 Villa Alba
125 Notte d'estate
129 La lambretta
133 «Conosco un posticino»
140 La trasferta
148 Viva Piva

163 Due casi storici
174 Il vero pescatore
179 La naja
186 Buon Natale

40886
1995

«Bar Sport»
di Stefano Benni
I Miti
Arnoldo Mondadori Editore

Questo volume è stato stampato
presso Arnoldo Mondadori Editore S.p.A.
Stabilimento Nuova Stampa – Cles (TN)
Stampato in Italia – Printed in Italy

Oscar Mondadori
Periodico bisettimanale:
N. 2799 del 10/7/1995
Direttore responsabile: Ferruccio Parazzoli
Registr. Trib. di Milano n. 49 del 28/2/1965
Spedizione abbonamento postale TR edit.
Aut n. 55715/2 del 4/3/1965 - Direz. PT Verona